スーツの法則

抜き出る男は
第一印象で
差をつける

中島 渉
Wataru Nakajima

小学館

スーツの法則

抜き出る男は第一印象で差をつける

Prologue

スーツはユニフォームか

　きっかけは、こんなひと言だった。

「Tシャツにジーンズで取材して回るのもいい。けれども、そろそろ一流の人間に会う取材をしたらどうか。そのためには、あなた自身が一流の服を着こなすようになることが前提だが」

　それまではTシャツにジーンズならまだいいほうで、夏になると短パンにビーチサンダル姿で夜討ち朝駆けをすることさえあった。自分は自分、これがスタイルだと気負ってもいた。スタイルというより、存在そのものを否定されたようで、重いひと言だった。

　本来なら自分を磨くべきところだが、「一流の服とはどんなものか」に関心は向かった。調べていくと、ロンドンの仕立屋街＝サヴィルロウに辿《たど》り着き、怪しげな英語でサヴィルロウの仕立屋をすべて訪ね回ったりした。わたしが訪ねたとき、すでにサヴィルロウの技術は絶滅寸前の状況にあった。イタリアのモード系ブランドが隆盛して、伝統的なスーツスタイルは堅苦し過ぎると捉《とら》えられたことも一因だ。

上衣の肩幅がやや広く、肩先が構築的に盛り上がり、ウエストはタイトに絞り、腰ポケットは斜めに切られているブリティッシュスタイルは、たしかに完成されたものなのだが、自分が着たい服ではなかった。第一、わたしの体型ではブリティッシュスタイルは似合わない。それでも、仕立屋をサロン代わりに談笑の場としている光景を見て、とても羨《うらや》ましくも感じた。

次いでパリの仕立屋を訪ねた。マルブッフ通りやオペラ座裏界隈《かいわい》には、パリのエレガンスを伝えるアトリエがある。パリの仕立方法は、サヴィルロウのそれと大きく異なる。また、そこにやって来る客の顔つきも、サヴィルロウとは別種のものだった。同じ一流の服でも、いろいろな貌《かお》があるものだ。

さらに、「一流の服」探しの旅は、イスタンブールを挟んだりしながら、イタリアに向かう。ミラノからはじめて南下する旅で、ホテルに着くと電話帳を借り出して仕立屋の項目を破り、一軒ずつ訪ねた。ミラノ、フィレンツェ、ローマ、ナポリ……イタリアでは都市ごとにスーツの表情が変わる。カッティングも縫製も異なる。サヴィルロウやパリの仕立屋は、客の大半が上流階級に属していた。ところがイタリアでは、それぞれの階層を対象とする仕立屋がある。服をオーダーすること、仕立てた服を着ることが、イタリアでは当たり前に生きていた。

サヴィルロウ、パリ、イスタンブール、イタリアと訪ね回るうちに、「スーツとは男にとって何なのだろうか」考えた。日本では、「スーツはビジネスマンにとってのユニフォーム。しかもいささか窮屈な存在」と受け止める傾向が顕著だ。ところが、ヨーロッパの仕立屋を訪れる客たちは、誰もがスーツを愉《たの》しむことに情熱を傾けているように見えた。生地を選ぶ、ポケットなどのディテイルを考える、さらにシャツやネクタイや靴との組み合わせを悩む。彼らにとって、ビスポーク（注文仕立）は悦《よろこ》び、大げさな言い方をするなら愛情の対象なのだ。

やがて、スーツにはさまざまな機能が付与されていることにも気づかされた。私の本来の取材フィールドである国際政治を読み解こうとするときも、じつはスーツをはじめとするファッションが、意外にも大きな鍵となっていることが多かった。一着のスーツの背後に広大な歴史が横たわり、しかも複雑な権謀術数が投影されていたりする。このとき、この政治リーダーはなぜこのネクタイを締めたのか――そんな疑問が生じ、そこから外交の機微が浮かび上がったりするのだ。以来、国際政治にまつわるテーマを取材するときは、資料を渉猟《しょうりょう》するのと同じに、そこで見られるファッションの解読が重要な作業となった。

世界の政治リーダーたちはどのような服を着ているのか、そこから読み解けるのはどのような事象か。それを第1章にまとめた。今後、ニュースの映像を見るとき、ぜひファッションにも注目し、あれこれ推理することを愉しんでいただきたい。第2章では、スーツを愉しむために留意したい、いくつかをピックアップした。スーツをビスポークするとき、あるいはプレタポルテ（既製服）のなかから一着を選ぶとき、参考にしていただけたなら幸いである。

第3章は、スーツをより愉しむための小道具類にフォーカスしている。スーツもディテイルの集合体なのだが、そこにさらに小道具類を加えて組み合わせると、スーツはもっともっと面白くなるだろう。

スーツの法則
抜き出る男は
第一印象で差をつける

Contents

第2章 スーツは自己表現

第3章 スーツを彩る小道具たち

ブックデザイン――こやまたかこ
装画・本文イラスト――水野 光

第１章
リーダーたちの装い

各国の政界トップが装いから発信することは
何なのか。裏読みすると、
国際ニュースや政治も楽しくなる。

01

服飾外交のはじまり

16世紀の君主から J・F・ケネディまで

＊1520年は男性服飾史を眺めるうえで、きわめて重要な年であった。この年、イングランド王ヘンリー8世とフランス王フランソワ1世が、ノルマンディー地方の北、ドーヴァー海峡を臨むカレーで会見した。ヘンリー8世は1491年生まれの29歳、即位して11年目。一方、フランソワ1世は1494年生まれの26歳、即位して5年目。ともに若く精気を漲《みなぎ》らせる君主であった。ふたりは共通の敵と看做《みな》す神聖ローマ皇帝カール5世について協議し政治的協調を探るために顔を合わせたのだが、目撃者によればその会見は「錦糸の生地の原野」と評されるほど絢爛《けんらん》たるものだった。ヘンリー8世もフランソワ1世も、じつは身を包む衣服の豪華さで互い

＊1520年
宗教改革を牽引《けんいん》したマルティン・ルターはこの年に行った説教のなかで、絹など高価な布を扱う商人たちに対して「隠れた盗賊」の烙印《らくいん》を押した。イタリア産のシルクと天鵞絨《ビロード》は、なかでもヨーロッパ各地の上流階級でもてはやされていた。そ

に相手を圧倒しようと目論《もくろ》んでいたからだ。

このエピソードは、ヨーロッパでは衣服が外交の現場できわめて重要な意味を持ってきたことを示している。当時の君主には、自らが最高の衣裳を着る自覚と気概があったし、より上質で華麗な服を着ることが君主としての務めでさえあった。それ以前はひたすら華麗さ、豪奢《ごうしゃ》が衣服には求められた。

ふたりが当時、どのような衣服をまとっていたか、格好の肖像画が残されている。ハンス・ホルバインが描いたヘンリー8世は、赤い絹に金糸で刺繍《ししゅう》をほどこしたダブレット（フランス語ではプールポワンと呼ぶ）を着て、その上にジャーキンを羽織っている。このジャーキン、肩から袖にかけてたっぷりと詰め物をして誇張し、さらに身頃の部分には毛皮を貼ってある。ホルバインの精緻《せいち》な筆は、素材の質感や刺繍の運針にいたるまで克明に描き出していて、当時の衣裳がはっきりと理解できる。ダブレットは現在の長袖Tシャツに近く、チュニック*が進化したものだ。初期は麻製でシンプルだったが、しだいに華美なものへと変化した。またジャーキンは提灯《ちょうちん》様の袖が付いた羽織状の服で、やがてコートに進化し、さらに今日のジャケットにいたる。

フランソワ1世については、ルーヴル美術館に残るジャン・クルーエによる肖像画が有名だ。やや砂色がかったシルクと黒い素材を交互に組み合わせて縦縞《たてじま》を形成

のことにルターは不快感を示し、打破すべき象徴として挙げている。ところが、ルターの主張は、上述の会見の衣服を見てもわかるように、なかなか受け容《い》れられることはなかった。

＊チュニック
元来は太股の中程あたりまでとやや長めの丈、ゆったりとしたT字円筒形の服。筒形のほっそりした七分程度の上着を言う。

し、明るい部分にヘンリー8世同様、金糸で刺繍をほどこしている。ヘンリー8世と異なる点は、ダブレットの襟元がヘンリー8世はきっちりと詰まっているが、フランソワ1世の場合は、今でいうボートネック*のようにやや大きく開いていることだ。ジャーキンは毛皮ではなく、金糸刺繍をほどこした天鵞絨《ビロード》で縁取《ふちど》りしている。

ちなみにヘンリー8世とフランソワ1世が敵対したカール5世の肖像は、ヴェネツィア派の巨匠ティツィアーノが描いている。やはりダブレットにジャーキンを羽織るといういでたちだ。権威を表現するものとしての衣裳は、ときに人体の原型から大きく逸脱して誇張と変型を繰り広げる。とりわけこの時代の紳士の装いは、肩幅を極端に肥大させ、全体として四角いフォルムをつくることに腐心していた。

ヘンリー8世、フランソワ1世、そしてカール5世の肖像画を仔細《しさい》に眺めると、さらにいくつかの共通点を見い出すことができる。たとえば表面の布に切れ目があり、そこから下の布地が意図的に露出されている。このスラッシュという技法は、1477年にはじまったとされる。ブルゴーニュ公との闘いに勝利したスイス兵が、ブルゴーニュ側が残していった旗や天幕で自分たちの服につぎを当てた。これがドイツの傭兵《ようへい》たちを通して流行し、やがて王室にまでいたる。切れ目が多いということはそれだけ下着の布の見せる分量も増えるわけで、つまりは豊かさの証明となっていくのだ。

＊ボートネック
襟ぐりが、横に広く、舟底のような形にカットされたネックラインをいう。カットソーやセーターなど、マリンをイメージするようなデザインのものによく用いられる。

もうひとつの共通点はコッドピースだ。コッドピースとは男性器を強調するデザインで、一種のペニスケースのようになっている。オー・ド・ショース（半ズボン）の股間に、詰め物で膨らませて形成する。マッチョイズム＝男性性の誇張であると同時にこれはポケットとしても機能していたようで、ある君主はいつもそこにキャンディを入れていたという記録がある。こうした詰め物がファッションの潮流から消えるのは、17世紀になってからのことだ。

「スーツを愉《たの》しむ」世界のリーダーたち

衣服の豪奢《ごうしゃ》さで相手を圧倒しようとする服飾外交の伝統は、姿を変えて今日でも生きている。エレガンスがシンプルでシックなものとされるようになるのは、ボー・ブランメル*の登場以降のことだ。彼は「目立ってしまうことは未熟」とするダンディズムの世界を構築したが、それは日本的な「ボロは着ていても心は錦《にしき》」と本質的に異なる。最上級の素材を最高の技術で仕立てた衣服を身につけながら、なおかつそれが目立たないことを旨《むね》とする美学がダンディズムだ。そして、とりわけヨーロッパでは、どのようなスーツを着ているかが社会的なポジションやそのひとの信条までをも表わすものとして理解される。だからこそ、各国のリーダーたちは素

＊ボー・ブランメル
ジョージ・ブライアン・ブランメルが本名。「ボー」は「伊達男《だておとこ》」の意味。ジョージ4世の寵愛《ちょうあい》を得て、18世紀末から19世紀初頭にかけて独自のダンディズムの世界を確立した。

晴らしい仕立のスーツに袖を通す。

　世界のリーダーたちの装いを観察することは、スーツをどのように着こなしていったらいいのか考えるためのよすがとなる。全体のフォルムはどうか、肩や襟《えり》などのデザインはどうなっているか、素材、色、柄はもちろんのこと、シャツやネクタイとのバランス、靴との組み合わせにいたるまでさまざまな愉《たの》しみがスーツにはある。「スーツはユニフォームだから」と無関心になることもできる一方で、「スーツを自己表現の道具」として積極的に活用することもできる。日本を代表する財界人のひとりは、「装うことは教養です。ドレスコードを知る、その歴史的背景を理解してこそ、スーツは愉しむことができるのですから」と言った。

　ところで上下を同じ素材で仕立てる現代のスーツの原型は、19世紀イギリスに登場するラウンジスーツ*だとされる。けれどもすでに、１６２９年に描かれた初代ハミルトン公爵の肖像を見ると、フランネル（起毛した軽くて柔軟な生地）と思《おぼ》しき単色の布で上衣も膝下までの丈のブリーチズも仕立てられていることが分かる。ブリーチズは膝下丈のズボンだ。チャールズ2世による１６６６年の衣服改革宣言（27ページ参照）を契機に、男性はブリーチズを履《は》くことが定着した。胸や上腕部にスラッシュの意匠は残っているものの詰め物はすっかりと消えて、きわめて現代的なシルエットになっている。そうした革新的な試みを何度も経て、しだいに現代

＊ラウンジスーツ
イギリス上流階級の紳士が、夕食時に着用した「燕尾服《えんびふく》」が堅苦しいことから、邪魔なテイル（尻尾）をなくし、これがラウンジでもくつろげるという意味合いをもつラウンジスーツになった。

にいたるスーツが準備されていった。

イギリスのラウンジスーツの登場は1860年代のことだが、この時代、イタリアは激動の時期を迎える。1860年、ガリバルディがシチリアに臨時政府を樹立。翌1861年、イタリア王国が成立し、エマヌエレ2世が即位した。また、南北戦争が終わったばかりのアメリカを目指す移民が急増したのも、この時代のことだった。ヴァチカン公会議が1869年に開かれ、そして1870年にイタリア統一が完了し、翌1871年にはローマが首都に決定する。

ローマがふたたび歴史の表舞台に登場するのに合わせて、サルトリア・ロマーナ（ローマ風仕立文化）も勢いを増していく。後にパリに進出して成功を収めるチフォネリがアトリエを開いたのもこの時代のことだ。さらに20世紀に入ると、イタリア仕立界で聖人のごとく崇《あが》められている初代ドメニコ・カラチェニが登場して人気を獲得するにいたる。チフォネリやカラチェニらによって、サルトリア・ロマーナの基礎が築かれていった。そうした時代があったからこそ、第2次世界大戦後、イギリスのサヴィルロウ*とは別に、アンジェロ・リートリコやブリオーニ（次項19ページ〜で詳説）といった屈指のイタリアの仕立が登場することになる。

1950年代、世界の指導者たちのあいだではイタリアの仕立が好まれるようになった。冷戦を演出したニキータ・フルシチョフ（旧ソビエト連邦の政治家）とジ

＊サヴィルロウ
スーツの発祥地とされるロンドンの仕立屋街Savile row（サヴィル・ロウ）のこと。これが訛《なま》って背広（せびろ）になったといわれる。

ヨン・F・ケネディ（第35代アメリカ大統領）のふたりがともにアンジェロ・リートリコで仕立てていたのは、現代史の隠れたエピソードだろう。貴族の出身であったフルシチョフは当初、ケネディを「青二才」として取り合おうとしなかった。ところが妻ジャクリーンの優雅な物腰と、ケネディが着ていたスーツの仕立の素晴らしさに認識をあらためた。フルシチョフがリートリコのアトリエでスーツを誂《あつら》えたのは、ケネディの影響であった。

リートリコは1950年代にニューヨークへ進出し、成功を収めたイタリア移民を中心に大きな人気を獲得した。おそらくケネディはイタリア移民のネットワークを介してリートリコを知ったと考えられる。しかし残念なことに、リートリコは一代かぎりで、彼の死後はその仕立が残ることはなかった。

02

スーツの着こなし

コフィ・アナン国連事務総長のエレガンス

一代で消えたリートリコと対照的なテイラーがブリオーニだ。ガエターノ・サヴィーニが1945年、ローマにブティックを開き、さらに翌1946年にナツァレノ・フォンティコリと出逢ってブリオーニ・ローマンスタイル社に発展する。当所からブリオーニが目指したのは、手縫いの職人技術をいかにオーガナイズするかということであった。製造工程を綿密に分け、高い技術を持った職人たちを配して効率とクオリティの向上を図り、注文仕立服の大規模生産を追究したのだ。アブルッツォ州ペンネに設けられたファクトリーには、4年制の職人養成学校までが併設されている。

フォンティコリはアブルッツェーゼ（アブルッツォ州*出身の人間）で、アブルッツォこそはナポリやシチリアと並ぶ仕立職人の供給地でもあった。イタリアを代表する仕立職人のドメニコ・カラチェニ（17ページ前出）は同州のオルトーナの出身、ムッソリーニの服を仕立てていたチロ・ジュリアーノはカプラコッタ出身といった具合だ。レース刺繍ではヴェネツィアが有名だが、じつはアブルッツォもヴェネツィア以前から見事なレース刺繍を送り出してきた。そうした歴史的土壌のうえに、仕立職人の伝統が築かれた。

　以前、ペンネにあるファクトリーを訪ねたとき、その静かさに驚かされた。工場内にはマシンも並び、仕立の随所でマシンが使われる。にもかかわらず、静かなのだ。効率や生産性のアップを求めれば、マシンは高速で稼動する。ところが手縫いと同じように駆使するならば、当然、マシンの速度は遅くなる。工場内が静かであったのは、マシンがきわめて低速で使われていたからだ。マシンの使い方ひとつとっても、ブリオーニの哲学の一端をうかがうことができる。

　ブリオーニが自社内に教育機関を設けたのは、イタリアの「鉛の70年代」と無関係ではない。１９７０年代、イタリア経済は厳しい状況に陥り、辛《つら》い修業期間を経なければならない職人を目指そうという若者は極端に減った。このままでは職人の確保が難しくなるどころか、技術の継承までが危機に直面することになると、ブリ

＊アブルッツォ州
面積の3分の2が山岳部、3分の1が丘陵部。ワインの産地であり、ディ・チェコなどのパスタ会社が多くあることでも有名。19世紀末〜20世紀初頭に一世を風靡《ふうび》した詩人ガブリエーレ・ダンヌンツィオの生地もある。

オーニは自前での職人養成に乗り出したのだ。ここでは選抜された若者たちが、4年間をかけてみっちり仕立の基礎を学ぶ。さらにその後、工場内の各セクションを経験したり、マーケティングなどの知識を身につけたりして、サルトフィニート（一流の仕立職人）となる。

シチリア出身のアンジェロ・リートリコ（17ページ前出）は天才型の職人だったが、事業を持続可能なものとしていこうとの意欲は薄かったようだ。アトリエで多くのスーツと同時に職人も育てたはずだが、彼らがリートリコを継ごうとはしなかった。晩年、酒を浴びるように飲み、リートリコは病に倒れた。一方、フォンティコリ率いるブリオーニは、未来を見据えて基盤を整備していった。分業体制の確立、職人育成システムの設置、そしてコマーシャルにいたるまで、近代的な経営の視点で展開した。

国際政治の要人をも魅了するブリオーニ

1950年代、ローマがファッショナブルな都市として注目されるようになると、多くのハリウッドスターたちが訪れるようになった。そして、彼らはブリオーニのサロンを訪ね、そこで誂えることを愉しんだ。ゲイリー・クーパー、クラーク・ゲイブル、ジョン・ウェイン、ヘンリー・フォンダ……ハリウッドを代表するスターたちがブリオーニの顧客となった。やがてスターたちだけでなく、ヨーロッパやアメリカの上流階級がこぞってブリオーニを愛用するようになる。最近では映画『007』シリーズで英国諜報《ちょうほう》部員が、ロンドンの仕立屋街サヴィルロウのものではなく、ブリオーニのスーツに身を包んでいる。

　1997年コフィ・アナンは国連事務総長に就任するや、ブリオーニを着用するようになった。それ以前は、ややモード系のスーツを着ていたこともあったアナンだが、事務総長に就任してからはクラシックな装い——それもブリオーニ一辺倒だ。もっとも顧客のプライバシーを守るために、ブリオーニ側はノーコメントを貫いているのだが、その仕立を見ればブリオーニであることは瞭然《りょうぜん》だ。ブリオーニに袖を通すようになってから、コフィ・アナンは国際政治の世界におけるウエルドレッサーとなった。コフィ・アナンとブリオーニは、個人とブランドのまさに理想的な関係を築いた。

　ブリオーニの特徴は何よりも肩にある。対して見たときはやや肩線が高く、構築的なものに感じる。実際に着てみると、肩を優しく包み込み、スムーズな動きを保証する。「マジックショルダー」と呼ばれる由縁《ゆえん》だ。コフィ・アナンの着こなしを見ると、彼の体型を活かすために肩線はそれほど高くはない。けれども、その分、ラペル（襟）がやや広めになっていて、彼の鍛えられた胸部を美しく見せることに成功している。襟腰*が高く襟が120度前後で開くワイドスプレッドのシャツ、つねに豊かなディンプル（ネクタイの結び目下にできる、えくぼ状の窪《くぼ》み）をつくるように締められたネクタイと相俟《あいま》って、そのスーツ姿は完璧なものとなる。

　コフィ・アナン国連事務総長のスーツ姿は、けっして装飾過剰なものではない。どこまでもクラシックで、むしろ目立たないほどだ。それでいて彼の体型や姿勢、あるいは彼の地位といったことを支える存在となっている。この美しい着こなしは、政治リーダーたちが手本とすべき要素が見事に凝縮されている。ときおり袖口から覗くガーナのファンティ族に伝わる装身具さえも、素晴らしい着こなしにアクセントを加える。

　また、仕立ばかりでなく、素材である生地も溜息《ためいき》が出るほどだ。スーツはライトからチャコールまでのグレイとネイヴィーばかりだが、仔細に観察するとグレナカートチェック**が施されていたり、あるいは稠密《ちゅうみつ》なヘリンボーン***であったりする。遠目には無地に見えるのに、近づくと繊細さが浮かび上がるという趣向だ。ストライプスもじつに上品なものばかりが選ばれる。記憶を頼りに、ミラノに設けられたブリオーニのサロンでアナン仕様の生地を探したが、いずれも選びに選ばれたものであることがうかがえた。

＊襟腰
シャツの襟で、首に沿っている部分のこと。

＊＊グレナカートチェック
グレンチェックの正式名称。濃色と明色を繰り返し綾織《あやおり》にしたもので、千鳥格子とヘアラインを組み合わせた柄。

＊＊＊ヘリンボーン
杉模様、山型の連続した模様の基本柄の一種。ヘリンボーン（ニシン）のボーン（骨）に織り目が似ていることからこの名に。

「生地を選べば、そのスーツはできたも同然」

イタリアの仕立職人はそんなふうに言う。それほど生地選びが大事だということでもある。また、「生地はワインと似ている」とも言う。織り上がったばかりの生地はまだ荒々しく、縫製するのが難しい。ワインも移動させたりすると暴れる。それを静かに寝かしてやると、熟成していく。生地は自然と縮絨《しゅくじゅう》がかかったようになり、ワインは芳醇《ほうじゅん》さが増す。ブリオーニの場合、古いヴィンテージ生地はサロンでのオーダーに限られるが、ブリオーニ専用に織られた生地を用意するなど、最初からヴィンテージの風味を生地に求めている。

それにしてもなぜ、コフィ・アナンはブリオーニを選んだのか。ブリオーニの魅力はポケットのかたちやステッチといった細部ではなく、むしろ普遍言語のレベルにまで高められたその存在感にある。しかも世界各地にある直営店には、ペンネで修業した職人が配されて顧客のあらゆるリクエストに応《こた》える。オーダーのための採寸から、プレタポルテ*として店に並んでいる製品の袖丈詰めや裾《すそ》上げ、さらには愛用しているブリオーニの補修までをこなすことになる。つまり、そこでは服を介して顧客とブランドの信頼関係が築かれることになるのだ。

ブリオーニとはイストリア半島沖の海上に浮かぶ島、つまり現在のクロアチアにある美しいリゾート地の名に由来する。当時はイタリア領であったブリオーニ島は、

＊プレタポルテ
最近は高級既製服をさすが、本来は「すぐ着られる」の意。

イタリアで最初のポロ競技大会が開かれた場所でもあった。ポロは貴族趣味と同義であった。ブリオーニのスーツやジャケットの裏地に、ポロをモティーフに織られた特製の生地があしらってあるのはそのためだ。エレガントの先駆者としての矜持《きょうじ》が、そのブランド名には込められている。

1991年にユーゴ内戦*の危機が高まっていたとき、その危機を回避するための会合が開かれたことでも、ブリオーニ島は歴史に記されている。結局、停戦はブリオーニ合意に盛られたものの、内戦勃発《ぼっぱつ》を避けることはできなかった。ようやく平和が訪れて以降、かつての輝きを取り戻そうとリゾート活性化がはじまった。ブリオーニ・ローマンスタイル社はこの島で、過去2回、ポロ競技大会を主催している。

ところで、コフィ・アナンはある時期から上衣の胸ポケットにポケットチーフを挿《さ》さなくなった。それはそれでひとつの重要な物語なのだが、稿を改めよう。

＊ユーゴ内戦
複雑な民族構成で知られる旧ユーゴスラヴィア（ユーゴスラヴィア社会主義連邦共和国）では民族対立が絶えず、1991年のスロヴェニアとクロアチアの独立を契機に内戦は激化し翌年に解体した。

03

スーツの仕立

ネルソン・マンデラのラフィナート

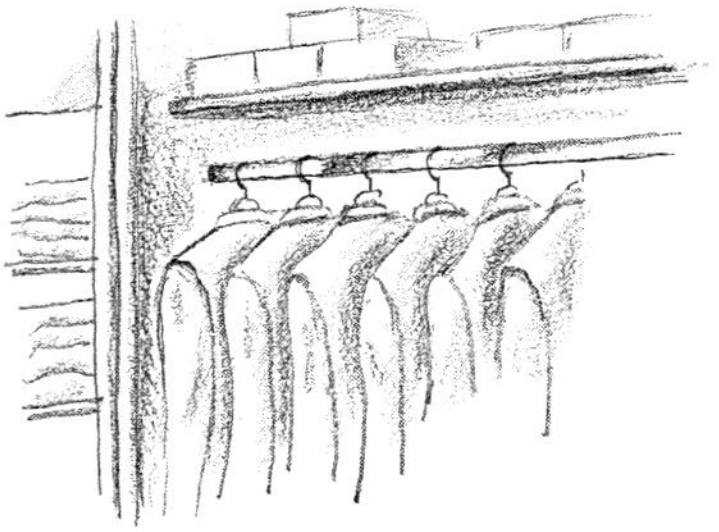

日本ではスーツのことを背広と言うが、その語源については諸説があってはっきりしない。けれども最も有力なのは、明治維新を経てロンドンに日本大使館が設営され、そこに赴《おもむ》いた外交官たちがロンドンの仕立街・サヴィルロウでスーツを仕立て、サヴィルロウが背広に転訛《てんか》していったというものだ。なるほど、慶應義塾初代塾長となった古川節蔵が１８７０年に出した『絵入智慧の環』を開けば、そこに「せびろ」が登場している。それまではスーツのことはなぜか「まんてる」などと呼ばれ、福沢諭吉が１８６７年に著わした『西洋事情』を見るとビジネスコートと紹介されている。ちなみに福沢は１８７２年、慶應義塾出版局内に衣服仕立局なる

部門を設け、そこで洋装の製造を展開させていった。

サヴィルロウでは1787年からスーツづくりが本格的にはじまった。1828年になると軍服の仕立でその名を轟《とどろ》かせていたヘンリー・プールがオーバーリントンに移転し、サヴィルロウが活況を呈する基礎となる。なぜなら、オーバーリントンの裏側がサヴィルロウなのだ。ヘンリー・プールはオーバーリントン側をアトリエに、サヴィルロウ側にあった馬小屋を改装して店舗とした。やがてその店舗を目当てに人々が集うようになり、サヴィルロウは人気エリアとなっていった。ヘンリー・プールはナポレオン1世の軍服も仕立てている。ヘンリー・プールと並ぶサヴィルロウの老舗《しにせ》にハンツマンがあるが、こちらは乗馬用ズボンの仕立から歴史がはじまっていて、創業はカール・マルクスが英国に亡命し、チャールズ・ディケンズ*が『デイヴィッド・コパフィールド』を発表したのと同じ1849年のことだ。

ロンドンは1666年以降、男性服飾史において中心的な役割を担ってきた。この年の10月7日、国王チャールズ2世は「衣服改革宣言」を発令し、コスチュームの面から宮廷改革に乗り出した。1665年はペストが猛威をふるい、ロンドンで少なくとも6万5000人が死亡したとされる。しかも1666年9月、イーストチープに端を発した火事が燃え広がり、ロンドン全土を炎で包んだ。セントポール大聖堂、ギルドホール、ブラックフライヤーズ……市壁に囲まれた中世都市は灰燼《かいじん》

＊チャールズ・ディケンズ
イギリスの小説家（1812年～1870）。『クリスマス・キャロル』『二都物語』などの作品が有名。

に帰してしまった。そうした悲劇を乗り越えるために、チャールズ2世は衣服から心機一転する戦略を選択したのだ。

スーツを予感させるヴェストの誕生

チャールズ2世の衣服改革宣言を象徴するものに、ヴェストがある。彼の治世下、詰め物によってボリュームと形をつくるスタイルを棄《す》てて、むしろ身体のラインに沿ったボタン留めの上着が登場するようになる。その上着がヴェストと呼ばれた。現在のように袖のないタイプではなく、袖があって着丈も長いコート状のものだった。ただしその背面は、現在のヴェスト同様にシンプルな生地をあてがっている。贅沢《ぜいたく》は表だけに、そしてできる限り倹約して首都の再建につとめよ——ということだったのだろう。人々はシャツの上にヴェストを着用し、さらにコートを羽織った。

ともかくチャールズ2世の衣服改革宣言によって、現在のスリーピースに通じるシステム——つまり現代のスーツにいたる男性衣裳のシステムが登場することとなった。もっとも、現在のように同一生地でつくられる衣裳ではなく、ヴェストとコートとパンツはそれぞれ異なる素材で仕立てられた。それでも3点セットに加えて柔らかいシャツによって構成されるファッションは、きわめて革命的なことであった。さらにオランダなど北方地域に目を転じるならば、現代のいわゆるスーツ＝ツーピースに連なるような衣裳が現れている。アンソニー・ヴァン・ダイクが描いたギーズ公アンリ・ド・ロレーヌ2世の肖像画には、ゆったりしたパンツとジャケットに近い衣裳が登場している。ヴァン・ダイクは1599年に生まれて1642年に没しているので、チャールズ2世の衣服改革宣言以前にツーピースの原型は誕生していたことになる。

チャールズ2世と同時代を生きたフランスのルイ14世は、モードをつくりだそうとはしなかったが、それでもファッションをめぐるエピソードは多い。なかでも1660年に贈られた靴は、現代の靴職人やデザイナーにも大きなインスピレーションをあたえる源泉となっている。ボルドーの靴職人ニコラ・レトランジュ*が王の婚礼用に贈ったもので、爪先《つまさき》がスクエアになっていて、踵《かかと》は赤くて高く、しかも凝った紐《ひも》結びで飾られてあった。20世紀末になって復活したスクエアトゥのルーツは、このレトランジュの作品だ。

さて、サヴィルロウの発展が加速した18世紀末から19世紀初頭、英国ではカントリージェントルマンという世界が確立していく時代にもあたる。彼らはシルクではなくウールを積極的に着用し、あえて大いなる田舎を表現したのだ。飾り立てる華美な服装を拒否し、質素でストイックな生活ぶりをニュアンスとして浮かび上がら

＊ニコラ・レトランジュ
フランスにおける靴職人の始祖とされる。

せるような服装だ。そうした衣裳哲学というか衣服思想は、都市部においても静かな支持を集めた。ボー・ブランメル（15ページ前出）はもちろんこの時代を生きたダンディズムの確立者だが、他にも時代精神を体現した者は多い。

仕立の良さを主張する着こなし

この、目立たないスタイルでありながらじつは仕立が良く隙《すき》がない服装は、現代にも通じる。とりわけ世界の政治リーダーたちは「目立たずに主張する」高度なドレスコードに腐心してきた。南アフリカで反アパルトヘイト闘争を指揮し、長く獄に繋がれていたネルソン・マンデラ*が表舞台に再登場したとき、わたしは我が目を疑うこととなった。マンデラはブリオーニのスーツを着こなし、しかも足元はベルルッティの靴で固めていた。ベルルッティは艶《なま》めかしくさえあるようなエレガントな靴で知られる。それをブリオーニのじつにクラシックなスーツに合わせ、しかも完璧に調和させていた。

過日、来日したブリオーニの総帥、ウンベルト・アンジェローニに、「きっとブリオーニを着ているに違いない」とこちらが考える政治リーダーの名前を挙げて質《ただ》した。顧客のプライバシーを尊重するため、アンジェローニはなかなか答えてくれ

＊ネルソン・マンデラ
南アフリカ共和国の黒人解放運動指導者、政治家、弁護士（1918年〜）。アパルトヘイトを撤廃する方向へと南アフリカを導き1994年に大統領に就任。1999年に行われた総選挙を機に政界から引退した。

なかったが、ようやく苦笑しながらいくつかのエピソードを披露してくれた。そのすべてを書くことははばかられるが、ネルソン・マンデラとコフィ・アナンはブリオーニを愛用していること、しかもアナンにブリオーニを紹介したのはマンデラであることは確かだ。国連事務総長に立候補する直前、コフィ・アナンはネルソン・マンデラに会っている。

「あなたはいつも素晴らしいスーツを着ていますね」

「ローマのブリオーニだよ。よかったら紹介しようか？」

「ぜひ」

はたしてそのような会話が交わされたかどうか、定かではない。しかし、その会見からしばらく後、コフィ・アナンはブリオーニを着るようになり、国連事務総長となってからはブリオーニ一辺倒となったことは紛れもない事実だ。もうひとり、ドイツのシュレーダー前首相*も、ある雑誌のインタヴューで「わたしはブリオーニを着ている」と公言した政治リーダーだ。「シュレーダーはソーシャリスト（社会主義者）だが、ブリオーニの魅力に勝てなかったということだろうか？」というこちらの問いに、ウンベルト・アンジェローニは笑うばかりだった。

19世紀以降、政治リーダーに求められる着こなしが変化した。それまでの華美から質素へ、しかも目立たずに仕立の良さや確かな審美眼を主張する着こなしへの変

＊シュレーダー前首相
ゲアハルト・フリッツ・クルト・シュレーダー（1944年〜）ドイツ連邦共和国の第7代連邦首相（1998年〜2005年）、およびドイツ社会民主党（SPD）の党首（1999年〜2004年）だった。親日家、サッカーの大ファンとしても知られる。

化だ。ブリオーニが提案するスーツも、けっして目立つためのものではない。けれども、着る者の個性、内面を滲《にじ》み出させる力を持っている。英語がグローバルスタンダードになった以上に、スーツは一種の普遍言語の地位を獲得するにいたった。創業当初からインターナショナルクラシックを目指したブリオーニは、まさに世界を結ぶ共通語としての役割を果たしてきた。

アンジェローニは次のように言ったものだ。

「エレガントにとどまろうとするなら、プレタポルテ＝既製服で充分です。いいものを選ぶことができれば、それでエレガントは実現できますから。けれども、ラフィナートであろうとするならば、絶対にサルトリアーレ＝職人の手による仕立でなければなりません。自分自身であることが重要なのです。ブリオーニはたとえ既製服であろうと、サルトリアーレを実現しようと努力しているのです」

エレガントの語源を辿ると、「最良のものを選ぶ目」である。ラフィナートとはイタリア人がしばしば用いるエレガントの上位概念だ。同じ語根を持つ言葉にラフィナーレがあって、それは石油の精製や精練を意味する。だからラフィナートは、洗練に洗練を重ねていって辿り着く境地とでも言えばいいだろうか。ボー・ブランメルは「振り返られるような着こなしでは失格だ」、目立ってはならないと断じたが、高度な着こなしのルールは現代の政治リーダーたちにも求められるものだろう。

04

スーツのスタイル
トニー・ブレアの不易流行

アメリカが「ニューリッチ」*に沸くのに呼応するかのように、英国では「クール・ブリタニア」**という風が吹きはじめた。マーガレット・サッチャーからジョン・メージャーとつづいた保守党政権を、トニー・ブレア率いる労働党が総選挙で破ったのは1997年のことだった。ブレア政権誕生を演出したのは、テレビプロデューサー出身の下院議員ピーター・マンデルソンであった。「クール・ブリタニア」政策の骨格は、マンデルソンと親密なシンクタンクのデモスが担当した。そして、ブレア政権の実質を支えたのは、テレビキャスター出身のゴードン・ブラウンである。マンデルソン、ブラウン、それにアレスター・キャンベルの3人は「フレンズ・オブ・トニー」と呼ばれる。

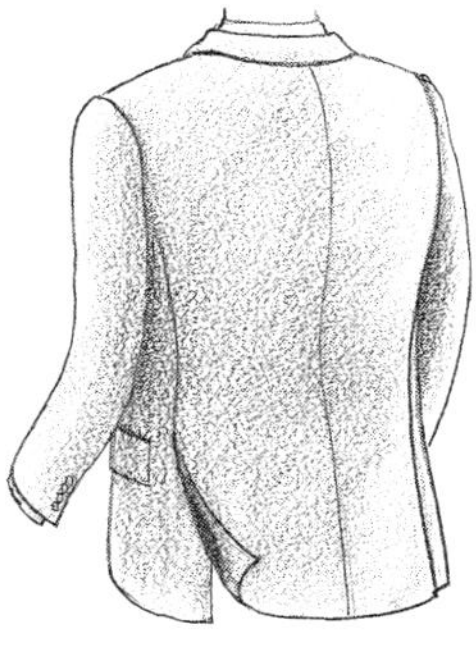

＊ニューリッチ
90年代のアメリカの好景気を支えたひとびと。

＊＊クール・ブリタニア
97年に政権が移り「新しい世代」が注目された状況を指す。これに呼応しイギリスのポップカルチャーも花咲いた。

当初は無任所の国務相を、次いで貿易産業相を歴任したピーター・マンデルソンは、つねにイタリア製の高価でソフトな仕立のスーツに身を包んでいる。37万3000ポンドもの住宅ローンを不正に受給したことが発覚して辞任するときも、マンデルソンはいつものようにイタリア製のスーツ姿だった。

一方、蔵相の座を守りつづけるゴードン・ブラウンは、ニュービスポーク*の旗手ティモシー・エヴェレストのアトリエでスーツを仕立てている。ティモシー・エヴェレストは映画『ミッション・インポッシブル』や『アイズ・ワイド・シャット』でのトム・クルーズの衣裳を担当したことで知られる。かつてエヴェレストのアトリエを訪ねたとき、ちょうど新予算案発表のために着るスーツをブラウンが仮縫いしている場面に出会《でくわ》した。

アレスター・キャンベルのファッションは「ニュー・ブリテン」を体現するかのように、ロンドンの仕立屋街＝サヴィルロウ製だが老舗ではないブランドでまとめられていることが多い。キャンベルはホワイトホール**の首席報道官を務めていたが、イラク開戦の決定的証拠とされた大量破壊兵器に関する情報を捜査した疑惑の責任を問われて、2003年辞任に追い込まれた。マンデルソンは、北アイルランド担当相として閣僚に返り咲いたものの、英国に帰化申請したインド人富豪のために便宜を図ったスキャンダルが浮上して、ふたたび閣外に去ることとなった。フレン

＊ニュービスポーク　新時代の仕立屋。クラシック返りやエレガンス傾向の強まりにつれて、ロンドン・サヴィルロウの仕立屋の2、3世が新しいデザイナーとして台頭した。

＊＊ホワイトホール　日本で言う「霞ヶ関」、イギリス政府の主要機関が集まる通り、官庁街を言う。「英国政府」の隠語でもある。

ズ・オブ・トニーのうち、ブレアの腹心であったマンデルソンとキャンベルが去り、残ったのは永遠のライバルとされるブラウンだけだ。

　しかし、ここに来て、三たびマンデルソンの復活が噂されている。イラク戦争で支持率が急落し、かつてない窮地に直面しているブレアにすれば、どうしてもピーター・マンデルソンの手腕に頼ることで危機を乗り切るしかないと判断したのだろう。このままでは首相の座が危うくなるばかりか、ブラウンにその座を奪われるかもしれない。それにしても「闇《やみ》の貴公子」や「現代のラスプーチン」と渾名《あだな》されるスピンドクター*に縋《すが》るしかない現状を、いったい誰が想像しただろうか。

　ブレア首相がピーター・マンデルソンに頼る理由は、そのスピンドクターとしての手腕だけではない。マンデルソンがニュー・アトランティック・イニシアティヴ（NAI）の理事でもあるからだ。NAIは1996年に創設され、マーガレット・サッチャー元首相や世界のメディア王ルパート・マードックの右腕とされるアーウィン・ステルサーなど政財界エリートたちが集うサークルで、いわゆるエスタブリッシュメント**たちに大きな影響をあたえる。ブレアはしばしば「メージャー以上にサッチャー的」あるいは「サッチャーの息子たち」などと呼ばれるが、それはマンデルソンのコネクションによるところが小さくない。ネオコンの重鎮とされるウィリアム・クリストルやリチャード・パールは、NAIによる会議の常連だ。

＊スピンドクター
ボールに回転《スピン》をつけて曲がらせることができる広報専門家のこと。政界では事実を自分に有利なように操作しマスコミに広報できる専門家。好意的な意味合いではない。

＊＊エスタブリッシュメント
権力や支配力を持つ階級・組織・ひとびとを言う。既成の秩序や権威、支配体制をも指す。

ジョン・カウフナーは『ブレアの戦争』と題した著書のなかで、ブレアは1997年から一度も外交政策を真剣に議論してこなかった――と書いた。フレンズ・オブ・トニーに名を列ねていたロビン・クックが外相から院内務相に転じたときも、「ブレア首相が外交でのポイントを横取りすることにうんざりしたことが原因」などとされたものだ。クックはイラク戦争開戦に抗議して院内務相の座も辞し、その後、新聞に寄稿した論文で「正当な理由もなく自信満々な輩《やから》をクッパー（厚顔無恥）と言う。その最たるものがラムズフェルド*。英国政府はアメリカ共和党の政策上の利害によって、正義なき侵略戦争に巻き込まれた」と痛烈に批判している。

ブレアと、取り巻く面々のスーツ

急死したロビン・クックは典型的なサヴィルロウスタイルのファッションを好む政治家だった。外相時代、外国訪問ではネイヴィーとチャコールグレイ以外のスーツ姿を見たことがない。休日はガンクラブチェック**で、スラントポケット（斜めに切られたポケット）のジャケット姿。ストロー現外相がチャールズ皇太子を意識してか前あわせがダブルのダブルブレストのスーツを愛用することが多いのに比べ、クックはほとんどダブルブレストのスーツを着たことがなかった。また、ストロー

＊ラムズフェルド
アメリカ第21代国防長官。フォード大統領下で1975年史上最年少就任、ブッシュ大統領下で史上最年長の国防長官である。イラク戦争ではブッシュ政権内で、終始強固な攻撃論を展開した。

＊＊ガンクラブチェック
3色の格子が重なったもの。1874年、アメリカの狩猟クラブで採用されたことから名付けられた。

が赤系のネクタイをよく締めるのに対して、クックは赤系のネクタイを締めることは極端に少なかった。このあたりにも、それぞれの政治家のスタンスが微妙に投影されていて興味深い。

ブレア政権が誕生した直後、サヴィルロウで取材していて、仕立職人にトニー・ブレアのファッションについてどう思うか訊《き》いたことがある。

「マンデルソンのソフトなスーツよりは、よほど英国的な仕立だ。しかし、完璧に伝統的なサヴィルロウのスタイルというわけではない。むしろ若さを強調するような……たとえば襟のかたちなどは、ややモードの匂いがするものになっている」

首相に就任して以来、集められるかぎりのトニー・ブレアの写真を精査してみた。就任した当初はややフィッシュマウス*気味だった襟がナチュラルになった以外、変化らしい変化は見られない。背の裾に左右2本のスリットが入ったサイドベンツの切れ込みの深さ、袖口の大きさ、ボタンやポケットの位置……にいたるまで、そのスタイルと仕立は一貫している。驚いたのはそれだけではない、彼がネイヴィー以外の色を着ていることがきわめて少ないことだ。チャコールグレイすら数えるほどで、とにかくネイヴィーのスーツばかりなのだ。前あわせがシングルであるシングルブレストの3つボタン、上2つを留める純3つと呼ばれるスタイル、サイドベンツ、そしてネイヴィーが彼のスタイルとなっている。

＊フィッシュマウス
縫い目（ゴージ）で2つに分かれた上襟と下襟のうち上襟が丸く、下襟が水平にカットされているもの。魚の口を連想させることからこの名前が付いた。

トニー・ブレアのスタイルを決定する要素として、ブルーのシャツが占める部分も大きい。濃淡はあるものの、彼はホワイトシャツよりもブルー系のシャツを着ることを好む。ゴードン・ブラウンがホワイトシャツを着る頻度が高いのと対照的だ。金融街では、白いシャツは新人が着るもので、ベテランになればなるほど色のあるシャツを着る。また、ブルー系は英国人が伝統的に好むシャツだ。その代わりと言うべきか、ブレアはじつに多種多様なネクタイを締める。イラクをめぐってアメリカとイギリスにフランスが鋭く対立したとき、フランスのジャック・シラク大統領に会うのに珍しく赤系のプリントタイを締めていた。よく見ると、そこには緑色のカエルがプリントされていた。フランス人を「フロッギー（カエル野郎）」と侮蔑《ぶべつ》することに引っ掛けての選択だった。

対イラク開戦に向けて、アメリカのブッシュ大統領、スペインのアスナール首相（当時）とスアレス諸島で会談したとき、3首脳は揃ってネイヴィーのスーツにブルー系のネクタイという姿であった。力強さを強調する赤系のネクタイではなく、ブルー系の沈着さを表現することを3人は選んだ。フレンズ・オブ・トニーの面々がつぎつぎに去っていき、取り巻く環境も目紛《めまぐる》しく変わっていくなかで、トニー・ブレアのスタイルはどこまでも不変であった。だからこそ開戦後、テキサスでブッシュ大統領と会談したとき、ブレアがセンターベントのスーツを着ていたのはとても奇異に見えた。身頃後部の両脇ではなく中央に1本だけ切れ込みがあるのがセンターベントで、どこまでもアメリカ的なデザインとされる。アメリカとの同盟の強さを確認するために、ブレアはサイドベンツではなくあえてセンターベントのスーツで臨んだのだ。

「外交好きの外交音痴」「ブッシュのプードル」などさんざんに叩かれているトニー・ブレアだが、「9・11」*直後からその年末までの動きは見事だった。アフガニスタンに対して「もうあなた方を忘れ去ることはない」と語りかけた演説は歴史に記録されるほどのものだったし、発展途上国の開発支援に力を入れて衝突を防止し、テロの源を断つことを呼び掛けた。そして欧米諸国を飛び回っては、中東和平工作を繰り広げたりもした。この時点では、イラクまでの戦線拡大にブレアは反対の姿勢を明確にしていた。またゴードン・ブラウンもブレアと連携して、ニューヨーク連銀で貧国救済のために基金拠出を富裕国に提案している。ブッシュ政権が近視眼的な戦略に向かおうとしたのと、じつに対照的だった。

ところが、「平和主義も結構だ。しかし、『9・11』を契機としてすべてが変わった。そのことを誰も理解していない」と語りはじめたとき、トニー・ブレアのなかで何かが変わった。それは歪《ゆが》んだ正義感でもある。彼はネイヴィースーツをまとった救世主を演じようとしているのだろうか。

*「9・11」 2001年9月11日にアメリカを震わせた同時多発テロ。

05

スーツの襟元
シラク大統領のフィッシュマウス

イラクをめぐって緊張が高まるなか、40年前に結ばれた条約の存在がクローズアップされることとなった。フランスとドイツのあいだで1963年に結ばれたエリゼ条約がそれで、その40周年を祝う記念式典では、フランスのジャック・シラク大統領とドイツのゲアハルト・シュレーダー首相（当時）が絆《きずな》をあらためて確認した。アメリカが主張するイラクに対する武力行使に、フランスとドイツは明確に反対を主張している。アメリカのラムズフェルド国防長官からは「オールド・ヨーロッパ」と揶揄《やゆ》されたが、両国首脳の姿勢は揺るぐことはなかったばかりか、より強固な関係を築いている。

エリゼ条約は１９６３年1月22日、当時のフランス・ドゴール大統領と西ドイツ・アデナウアー首相が調印した。１８７０年からの普仏戦争、１９１４年からの第1次世界大戦、そして１９３９年からの第2次世界大戦と１００年間に3度もの戦火を交えた仇敵《きゅうてき》同士が、対決ではなく協議と意思疎通によって和解と平和構築を目指すものだ。普仏戦争ではプロシア（のちのドイツ帝国）が、第1次世界大戦ではフランスが勝者として平和条約に調印したが、その場所はいずれもエリゼ宮殿であった。

現在はフランス大統領府となっているエリゼ宮殿は１７１８年に建造され、当初は所有者であったエヴルー伯爵に因《ちな》んでエヴルー館と呼ばれていた。１７５３年にポンパドゥール夫人*が購入し、彼女はエリゼ宮と呼ばせるようになった。以来、エリゼ宮殿として知られるようになる。今回のエリゼ条約40周年記念式典が執《と》り行われたのは、宮殿内の「戦いの間」であった。「戦いの間」で平和と協力を確認しあうという演出からは、両国がエリゼ条約をいかに重視しているかうかがえるだろう。

パリの既製服　隆盛史

服飾史を眺めていると、18世紀のフランスではさまざまなことが起きている。た

＊ポンパドゥール夫人
ルイ15世の愛妾《あいしょう》として18世紀後半、権力を手にした。名ワイン、ロマネ・コンティーを産するぶどう畑をめぐる争奪戦も有名。

とえば既製服は、1718年エヴルー館の建造と同時期にパリではじまっている。また、当時の新聞には、「腕が良く仕事の早い仕立屋を見つけるのが大問題だ」というコラムが載っていたりする。そしてフランス革命（1789～1799年）がはじまるや、パリにいた一流の仕立屋たちは亡命した。だが、革命によってモードの民主化も進んだ。すでにはじまっていた既製服が、より高品質で広範なものとなる。1791年、男性誌の《ケナン・ジューヌ》と女性誌《マダム・テヤール》では、誌上で見た既製服を注文できるようにした。両誌は通販誌の先駆者であった。

フランス革命につづいて、ナポレオン・ボナパルト*が登場する。ナポレオンの登場は、じつは仕立屋を活気づける要因ともなった。彼はしばしば軍服姿の肖像画を描かせているが、濃紺地に金糸刺繡を施した軍服を、パリだけでなくサヴィルロウの仕立屋でも誂《あつら》えていたりする。しかもそれは、現代にまでいたる軍服の基礎を築くものとなる。仕立屋にとっては栄誉であると同時に、大変な広告効果を狙える仕事であった。また、皇帝に上り詰めたナポレオンの戴冠式《たいかんしき》や、それ以降の宮廷での衣裳も、仕立屋にとっては腕のふるいどころであった。

一方、モードの民主化の流れは、さらに加速していった。ピエール・パリソがシテ島で1824年に創業したベル・ジャルディニエールは、その後の既製服の流れを決定づける力を有した。1855年に開かれたパリ万博では、紳士用既製服部門

＊ナポレオン・ボナパルト　フランスの軍人・政治家で第1帝政の皇帝ナポレオン1世（在位1804～1814、1815年）。ナポレオン戦争と呼ばれる戦争で全ヨーロッパを席巻《せっけん》した。

でグランプリを獲得している。当時の《フィガロ》紙は「銀行家ロスチャイルドの着ているスーツは180フラン（現在の貨幣価値でおよそ18万円）で仕立てた注文服だが、その平店員はベル・ジャルディニエールで35フラン（およそ3万5000円）の既製服を着ている。しかし、ちょっと目には変わらない」と書いたほどだ。

フランスの仕立屋業界誌《ジュルナル・デ・タイユール》の編集に携わっていたコンパンは1828年、仕立技法の定式化を『仕立技術～衣服裁断における幾何学の応用』という一冊にまとめ、さらに《ジュルナル・デ・タイユール》誌で技術教育を展開した。1830年、バルテルミー・ティモニエが鎖縫いできるミシンで特許を取得し、そうしたミシンを多く設置して軍服の大量生産を行った。ところが、パリに戻った仕立屋にとってミシンは脅威であり、ティモニエのラボ（工房）は幾度となく襲撃されることとなった。

ナポレオン3世*（在位1852年～1870年）の時代、産業革命にともなって経済が大きく発展する。経済の発展は中産階級層を厚くし、そこから新しいエリートたちも誕生した。新エリート層や中産階級層は既製服の進化を促し、前時代からの貴族たちは仕立服を守ることに腐心した。「第2ロココ」とされる時代は、概《おおむ》ねナポレオン3世の時代と重なるが、それは既製服と仕立服が競い合った時代でもあった。仕立屋を守ることに情熱を傾けた人物にバルザックがいる。彼は1825年

＊ナポレオン3世
ナポレオン1世の甥に当たる。フランス第2帝政時の皇帝。1870年の普仏戦争で敗北し失墜した。67年のパリ万国博覧会の開催でも有名。

に乗り出した出版印刷事業が挫折して破産するものの、それでもリシュリュー通りにある仕立屋ビュイッソンへ通うことを止めようとしなかった。

　バルザックは大貴族でも大富豪でもなかったが、ひたすら仕立屋を愛した。彼は克明な日記を残していて、それを見ると奢侈《しゃし》のためにどれほど出費したか瞭然だ。破産してもなお仕立屋通いをつづけたバルザックは、ある日に「ルーヴィエ産極上ラシャの青いフロックコート*、マレンゴのかつらぎ織り**のパンタロン、シャモアの刺し子の胴着」をオーダーしたと記している。バルザックはファッションジャーナリストの先駆けであっただけでなく、自らがファッションリーダーでもあることを任じていた。

3つボタンの襟元

　ところで記念式典に臨んだシラク大統領とシュレーダー首相は、いずれもシングルブレストで3つボタンのスーツ姿だった。ブッシュ米大統領がつねに2つボタンのスーツ姿であることと対比すると、ひじょうに興味深い。日本では「3つボタンは若者のもの」という認識が根強いが、これはかつて50〜60年代にアイヴィー・スタイルがブームとなったときの名残《なごり》と考えられる。シングルの上衣に2つボタンが

＊フロックコート
1870年頃、男性の礼服として登場した。ルーツは農民の作業着だが、17世紀のフランス宮廷でもてはやされたジュストコールに進化した。
＊＊かつらぎ織り
別名ツイル。縦糸の密度が高く、滑らかで丈夫な生地。イタリアのミラノ近郊マレンゴ産が最高級とされた。

現われるのは１９２０年のことで、アメリカでは１９５０年代に既製服業界がスタンダードなモデルづくりを進めて２つボタンを提案している。

同じ３つボタンのシングルブレストでありながら、シュレーダー首相が真ん中のボタンだけを掛けているのに対し、シラク大統領は上２つのボタンを留めている。ボタンをどう留めるのかによって、ラペル（下襟）のカッティングや、内部のつくりも微妙に異なる。アイヴィー・モデルとされる３つボタンは真ん中掛けで段返りと呼ばれ、そのまま一番上のボタンを消してしまえば（ラペルがボタンを隠すため）ブッシュ大統領が着ている２つボタンの上衣となる。ちなみにイタリアやフランスの仕立屋では、３つボタンが主流で「２つボタンはアメリカやイギリスの既製服みたいだ」と敬遠されがちだ。

不思議なもので３つボタンの上衣を段返りで着ても、ラペルがふんわりと柔らかく仕立てられていると、Ｖゾーンが広がることはない。イタリアやフランスでも２つボタンの上衣を仕立てることはある。しかしそのときは、ボタン位置をやや高く設定して、胸元のＶゾーンが広がることを避ける。＊ウインザー公は、こうした２つボタンのスーツを愉《たの》しんだものだった。対してブッシュ親子が愛用する２つボタンは、ボタン位置が低く、ともすればだらしない印象さえあたえてしまいかねない。

シラク大統領が２つボタンを着ないわけではないが、その頻度は圧倒的に３つボ

＊ウインザー公
現エリザベス女王の伯父。１９３６年王位に就くも、シンプソン夫人との恋のために王位を捨てる。連合軍の情報をナチスに提供したとされる。一方、さまざまな着こなしを流行させたトレンドセッターでもある。

タンが多い。もうひとつ、エリゼ条約40周年記念式典の光景を見ていて、気になったことがある。それはシラク大統領の上衣のラペル（襟）のかたちだ。それはフィッシュマウスと呼ばれるかたちで、その名のとおり魚が口を開けたようなデザインになっている。上襟と下襟を縫い合わせる線をゴージというが、そのゴージを自然に流すのではなく、上襟と下襟を合わせ終わった直後に角度をつけてフィッシュマウスはつくられる。あらためてジャック・シラクに関する写真を調べてみると、驚くべきことにそのすべてのスーツがフィッシュマウスであった。

ドゴール*の直系とされるジャック・シラクは、1974年からジスカールデスタン大統領（任期1974～1981年）のもとで首相をつとめる。第1回となったランブイエ・サミットは1975年のことだ。パリ市長をつとめたのち、今度はミッテラン大統領下で保革共存内閣の首相となっている。じつはシラクだけでなく、フランソワ・ミッテラン前大統領もジスカールデスタン元大統領も、そしてさらにはドゴールまでも、ラペルがフィッシュマウス状になったスーツを愛用していた。となると、フィッシュマウスは時代的なトレンドではなく、フランス人が好む普遍的なスタイルと言うことができるかもしれない。

それにしても、ジャック・シラクはフィッシュマウスではないスーツを愉しみたいと思ったことはないのだろうか。

＊ドゴール
フランスの陸軍軍人、政治家で元大統領。第2次世界大戦でフランス解放後、首相になり、1958年の国民投票で成立した第5共和制で、初代大統領に。以後11年間独裁的に内外政策を推しすすめた。

06

スーツの胸元
パウエル前国務長官のダブルブレスト

サミット（先進国首脳会議）に出席する政治リーダーたちの服装を見ていて、なぜダブルブレストのスーツを着る者がいないのか不思議に感じる。イタリアのベルルスコーニ首相は、国会に登場するときはつねにミラノの名サルト*で仕立てたダブルブレストのスーツを着ているが、2001年ジェノヴァ・サミットのときは主催国イタリアを象徴するアズーリブルー（鮮やかな明るい青）によるシングルブレストのスーツ姿だった。ダブルブレストのスーツを愛用する政治リーダーとしては、イスラエルのシモン・ペレス元首相、あとはキューバのフィデル・カストロ議長が思い浮かぶ。

＊サルト
イタリアでいう仕立屋。ミラノを代表するサルトにA・カラチェニがあるが、ベルルスコーニ首相は、これを愛用する。

しかし、ここしばらく、2人の外交責任者がダブルブレストのスーツを着込んでいたのが印象に残っている。ひとりはトニー・ブレア首相を支えるイギリスのジャック・ストロー外相で、つねにダブルブレストだ。そしてもうひとり、アメリカのコリン・パウエル前国務長官もダブルブレストのスーツを着ることが多かった。あえてさらに加えるなら、政治家ではないがチャールズ皇太子は、ロンドンの仕立屋街＝サヴィルロウで仕立てたダブルブレストの愛用者だ。イラクに対する武力行使に踏み切るかどうかで世界が緊張し、さらに分裂していく過程で、ストロー外相とパウエル前国務長官はひじょうに対照的なダブルのスーツ姿で動き回った。ストロー外相はサイドベンツ、パウエル前国務長官はセンターベント*と、米英のお国柄の違いが仕立にも反映されていた。またパウエル前国務長官がネイヴィーの生地を好むのに対して、ストロー外相はグレイ系の生地が多いという違いもある。さらに、Vゾーンを見ると、ストロー外相は狭く、パウエル国務長官はやや広めだ。

日本では「ダブルのスーツはエグゼクティヴが着るもの」や「中高年になって肥満気味になった体型をカバーするための服」といった印象が強い。けれども、ストロー外相やチャールズ皇太子は、けっして肥満体型ではなくむしろ細みだ。また日本には、「シングルよりもダブルのほうがフォーマル度が高い」といった感覚もあるようだ。だが、サミットの場にダブルブレストのスーツが登場しないことを考え

＊センターベント
後ろ身頃裾部分、センターに1本入った切り込みを言う。アメリカ人が好む。乗馬用の上衣にも多い。一方、背の裾に切り込みが左右に入ったサイドベンツは英国的とされる。

ると、「フォーマル度が高い」とする説は怪しくなってくる。フォーマル度が高い服であるならば、サミットのような場でもっと多くの首脳が着てもいいはずだからである。

フォーマルウェアの代名詞ともいうべきフロックコートの前裾《まえすそ》部分を斜めに裁ち落としたものがカッタウェイコートと呼ばれ、そこからモーニングコートに発展していく。フロックコートの裾を斜めではなく、ヒップラインの辺りで真直ぐに裁ち落としたものが、現在のダブルブレストのルーツであるという。「シングルよりもダブルのほうがフォーマル度が高い」という気分は、おそらくこうした起源と結びついているのだろう。フォーマルウェアから進化したのだから、当然、フォーマル度は高いのだと信じられた。しかしフロックコートはフォーマルウェアというよりも執務服＝ワーキングウェアと捉えるべきで、そうなると「ダブルはフォーマル度が高い」説は怪しくなる。

もうひとつ、その正反対ともいえるダブルブレストの起源説がある。オランダや北欧の漁師たちを中心に、ピイエッケルと呼ばれる服が培《つちか》われ、ピイエッケルからピーコートが生まれた。海上では風向きが頻繁に変わるため、ダブルブレストにして左右どちらの合わせにも対応できるようになっていた。このピイエッケル＝ピーコートがダブルブレストのスーツの起源であるとすると、事情は大きく変わってしまう。フォーマルな装いではなく、船上での実用性から生まれた作業着がルーツになるからだ。

ピイェッケルの誕生は1720年代のことだった。そして1740年代になると、イングランドの田園地方で鹿革をダブルブレストに仕立てたハンティング用の上衣が流行する。このハンティングジャケットも、もちろん前合わせが左右どちらも可能にできていた。一方、フロックコートは1790年代に完成したものなので、ダブルブレストのスーツの祖型はピイェッケルに求めるのが妥当だ。つまりダブルブレストはフォーマル度が高いのではなく、むしろスポーツ度やカジュアル度が高い服として登場した。またヨットやボート競技の大会を観戦すると、ダブルブレストの上衣をたくさん目撃することになる。ブレイザーとして知られるジャケット（いわゆるブレザー）も、シングルよりダブルのほうが多いほどだ。これもピイェッケル起源説の状況証拠になるかもしれない。

ダブルブレストの華麗なる変遷

アメリカズカップ*第1回目のレースが行われた、イギリスのリゾート地であるワイト島では、そのリゾート地名に由来するカウズと呼ばれる服が生まれた。モーニ

＊アメリカズカップ　1851年のロンドン万国博覧会のヨットレースに「アメリカ」という名のヨットで、当時最速と言われたイギリスのヨットにアメリカが圧勝。このときに与えられた銀杯がアメリカズカップ。以降、このカップ争奪戦の世界最高峰のヨットレースを言う。

ングコートやフロックコートのテイル部をすっぱりと切り落としたスタイルは、ワイト島のカウズが発祥の地である。1880年代のことだ。同じ頃、ニューヨークのタキシードパーク*では、タバコ王グリズウォルド・ロリラード4世**がフロックコートの丈を詰めた服を着てパーティーに現われた。この服は最初に登場した場所に因《ちな》んでタキシードと呼ばれるようになる。20世紀に入ると、ダンディとして知られたスペインのアルフォンソ13世がダブルブレストを愛用するようになる。ダブルブレストのタキシードを完成させたのも、じつはアルフォンソ13世だったとされるほどだ。ちなみにタキシードはフォーマルウェアに分類されず、あくまでもパーティーウェアの範疇《はんちゅう》にある服だ。アルフォンソ13世のワードローブを眺めると、さまざまなダブルブレストを見ることができる。6つボタン――ボタンが縦に3つずつ2列に並ぶものや、4つボタン――ボタンが縦に2つずつ2列に並ぶもの、6つボタンでも下2つを留めるタイプだったり、3つとも留める――まさにピーコート仕様だったりする。

　そう言えば、ウインザー公もダブルブレストの愛好者だった。ウインザー公のワードローブに6つボタンはほとんどなく、4つボタンで2つ留めるタイプが圧倒的に多い。スモーキングジャケット***も4つボタン、ロイヤルヨットクラブのマークを彫ったボタンを付けた麻製スーツもまた4つボタンという具合である。ダブルブレ

＊タキシードパーク
ニューヨークの北東部、オレンジ・カウンティにある。グリズウォルド・ロリラード4世が、1885年頃、英国式の別荘地として開発し、人工的に整備した。

＊＊タバコ王グリズウォルド・ロリラード4世
狩猟やスポーツを楽しむ同好会「タキシード・パーク・クラブ・アソシエーション」を組織して、祝賀会を主催。ここで着たコートが「タキシード」の起源に。

＊＊＊スモーキングジャケット
タキシードのフランスでの呼び方。晩餐《ばんさん》後、タバコを楽しむ特別室で着ていた服から、この名が付いたとも。

ストは初期においてはワーキングウェアとして発達し、やがて貴族のリゾートウェアとして進化を遂げていったと考えることができそうだ。

北の海で生まれ、パリやサヴィルロウで磨かれたダブルブレストだが、イタリア南部のナポリでも独自の洗練を遂げた。ピイェッケルやフロックコートの前身が準備された18世紀、ナポリはヨーロッパの注目を集めることになる。ポンペイ遺跡の発掘だ。この発掘に立ち会ったフランス人外交官ヴィヴァン・ドゥノンは、遺跡発見のリポートをパリに書き送る。このリポートのおかげで、ナポリはヨーロッパ上流階級者たちが詣《もう》でるべき場所としての地位を獲得した。そして観光客の流入は同時に、ダブルブレストの仕立をナポリにもたらした。

ナポリはもともと豊かな仕立文化を宿す地だった。世界最初の仕立職人のギルド*は1351年、ナポリにおいて結成されている。15世紀末になると、フランス出身の仕立職人が数多くナポリに修行にやって来る。また、ナポリの腕のいい職人たちがヨーロッパ各地の王たちに召し抱えられ、そこで素晴らしい仕立を展開するようにもなった。そうした歴史的背景のなかでポンペイ熱やヴェスーヴィオ観光熱が高まり、さらにサルトリア・ナポレターナ（ナポリ仕立）に影響をあたえていく。さらに19世紀から20世紀初頭にかけて、英国の上流階級者たちがナポリとその近郊のリゾート地を再発見し、サヴィルロウの仕立がナポリにもたらされることとなった。

＊ギルド
中世ヨーロッパにおける商工業者の組合組織。組合員の経済的利益を目的とし、宗教生活・日常生活も包括する社会集団。手工業者は各都市で業種別の同職組合を形成した。

ヴァカンスでやって来た英国貴族たちは、サヴィルロウで仕立てた服を持ち込み、同様の服を仕立てるよう求めたのだ。

ナポリで仕立てられたダブルブレストのスーツは、ワーキングウェアやスポーティーウェアとしてではなく、どこまでもエレガントな結晶であることが瞭然だ。そしてシングルブレストが言わば内に向かう服であるのに対して、ダブルブレストが外に向かおうとする服であることに気づかされる。外交の現場に生きる者にとって、ダブルブレストほど相応《ふさわ》しいスタイルはないだろう。そうした点から見れば、ストロー英外相やパウエル米前国務長官がダブルブレストをまとったのは、当然のことであった。

残念ながら、コリン・パウエル前国務長官のダブルブレストは、ナポリで仕立てられたものではなかった。また、国務長官の職を辞して以降、パウエルがダブルブレストのスーツを着ることはめっきり減った。それに呼応したわけでもないだろうが、ジャック・ストロー外相もシングルブレストが多くなっている。

07

ネクタイの色と柄

ブッシュ大統領のカラーメッセージ

ニューヨークとワシントンを未曾有《みぞう》のテロが襲った「9・11」以降、ジョージ・W・ブッシュ大統領が赤系のネクタイを締める頻度がめっきりと減った。アメリカ人の赤いネクタイ好きはつとに有名で、クリントン政権時のサマーズ財務長官は来日して金融機関関係者に会うときも締めていた。日本では「赤（字）になる」として、金融機関関係者は赤系のネクタイは避けてきたものなのに、だ。ネイヴィーのスーツに白いシャツ、そして赤いネクタイという組み合わせは星条旗を構成する色でもあり、とりわけ赤いネクタイを締めることは強さや挑戦的な無意識を示すアイテムとして好まれてきた。イギリスのユニオンジャックやフランスのトリコロール

も同様の色構成なのに、両国の政治リーダーたちは白シャツに赤系のネクタイという コーディネイトをあまり好まない。

赤系のネクタイに代わって、黄色と水色系のネクタイがブッシュの襟元に登場するようになった。しかもその様子を仔細に検討するならば、どのようなイベントがあるときにどの色を締めるか、綿密な計算がなされるようになったことが感じられる。会談する相手によっても、ネクタイを替えているほどだ。大雑把ではあるが水色は沈着さや冷静さを、黄色は寛容さを、そして赤はアメリカの尊厳や偉大さを示すアイデンティティーとして機能する。テロから1年を経て、さらにイラク攻撃の正統性を訴える演説を国連の場で行ったとき、ブッシュは赤いネクタイを締めて臨んだ。そしてイラクを念頭に置いた武力行使容認決議案に署名するときも、赤いネクタイだった。アメリカによる力の行使の正当性を主張するとき、ブッシュは赤いネクタイを締める。

赤と並んでアメリカ人が好むネクタイに、ストライプス——いわゆるレジメンタルタイ*がある。もともとは色やストライプ幅の組み合わせによって所属する連隊を示すものだったが、アイヴィーリーグ**の各大学を示すものになっていった。ブッシュ政権で国防長官職を担うドナルド・ラムズフェルドは、つねにボタンダウンシャツかタブカラーシャツ***にストライプスタイルというスタイルを好む。ラムズフェルド

＊レジメンタルタイ
斜めにラインが入ったネクタイ。アメリカ風は向かって右が下がったライン。

＊＊アイヴィーリーグ
アメリカ北東部にある歴史ある8私立名門大学からなるグループ。

＊＊＊タブカラーシャツ
襟の裏に小さな引張り（タブ）が付いていて、それを反対側の襟元のボタンに引っ掛ける（ループタブ）かスナップボタンで留める（ホックタブ）デザイン。

はプリンストン大学の卒業生で、プリンストン大学はもちろんアイヴィーリーグの一画を占める名門大学だ。当然のことながら、ラムズフェルドのネクタイはプリンストンのストライプスであることが多い。もっとも最近は、同盟国である英国を気遣ってか、英国風のストライプス*も増えている。

ストライプスタイといえば、スロボダン・ミロシェヴィッチ旧ユーゴスラヴィア大統領を忘れるわけにはいかない。彼もまた、つねにストライプスタイを締めていた政治家だった。しかもそのストライプスは、アイヴィーリーグに代表するアメリカ仕様であった。ミロシェヴィッチはかつてベオグラード銀行ニューヨーク支店に支店長として勤務した経験を持っており、おそらくはその時期にアイヴィーストライプスと出逢い親しむようになったのだろう。ミロシェヴィッチが権力の階梯《かいてい》を昇っていくとき、いったい誰が巨額の投資をしたのか、それは彼のネクタイに訊《き》くべき質問かもしれない。

ネクタイ＝クラヴァッタの歴史

ところでネクタイが長さ140センチ、幅9センチ前後のかたちになったのは、ごくごく最近のことだ。フランスではクラヴァット、イタリアではクラヴァッタと

＊英国風のストライプス
向かって右側が上がったストライプ。アメリカはこの逆。

呼ばれるが、それは1618年の歴史的エピソードに由来する。30年戦争*に突入したフランス王ルイ13世は、ハプスブルク帝国に対抗してクロアチア人による騎兵部隊を組織する。このとき、クロアチア騎兵は首に布を巻いていて、それがやがてクロアト、クラヴァト、クラヴァッタと変化して呼ばれるようになった。ただし、これは伝説でもある。じつはすでに1590年、イタリアで「クラヴァッタ」という語が記録されているし、14世紀に活躍したフランスの詩人ユスターシュ・デュシャンの作品にも「クラヴァットを堅く結んで」なる表現が登場しているからだ。

さらに遡《さかのぼ》れば古代ローマ時代、トラヤヌス帝**が建立した柱のレリーフに、首に布を巻いた兵士の姿がある。秦《しん》の始皇帝の陵墓《りょうぼ》からも、副葬品のなかに首にスカーフ状の布を巻いた兵士の陶俑《とうよう》があった。おそらくは世界各地で自然発生的に、たとえば寒さをしのぐために首に布を巻くという行為が起こっていたのだろう。それがしだいに洗練され、形式化していく過程でクラヴァッタが生まれ、さらに現在のネクタイへと変化を遂げていったと考えるのがきわめて自然だ。ただし、首に布を巻く行為がヨーロッパで定着したのが、17世紀の後半からであることは興味深いし、憶えておいていい。

1645年から小氷期がヨーロッパを覆い、ヨーロッパは厳しい寒さに直面する。太陽表面から黒点がほとんど消えたのだ。つまり太陽活動が著しく低下したのであ

＊30年戦争
1617年ハプスブルク家のフェルディナントがボヘミア王となり新教派を弾圧したことに端を発する。新教と旧教の宗教戦争ながら、近隣各国の身勝手な参戦で、じつに30年戦いがつづいた。

＊＊トラヤヌス帝
在位98〜117年のローマ皇帝。五賢帝のひとり。彼の治世にローマ帝国の領土は最大になった。

る。農業生産性も下がっていき、加えてヨーロッパはペスト*の猛威にも見舞われた。ロンドンを流れるテームズ川が凍ったのも、この時期だ。マウンダー極小期と呼ばれるこの小氷期は、1715年まで70年間もつづくこととなった。このマウンダー極小期は、英国で毛織物工業が成立していく時期とも重なる。寒さがウール素材の発達を促したのだろうか。マウンダー極小期は200年周期とされていて、温暖化が進んでいなければ現在の地球は小氷期に突入しているのかもしれない。余談ながらストラディヴァリのヴァイオリンも、マウンダー極小期の素材で製作された作品が最高だとされている。

　寒さから喉を守るために、マウンダー極小期にあった1645年から1715年にかけて、ヨーロッパではクラヴァッタを巻くことが隆盛となっていく。フランスに亡命していたチャールズ2世が王政復古によって英国に戻るとき、彼はフランスで流行《はや》っていたクラヴァットを持ち込んだ。ペスト禍と大火からの再建に向けて「衣服改革宣言」を発布したチャールズ2世だが、新しいモードももたらしていたのだ。なるほど母方の従兄《いとこ》であるルイ14世の肖像画を見るならば、首をクラヴァッタで飾っていることがわかる。また17世紀末にフランドル地方スティンカークで戦闘が勃発したときは、クラヴァッタが邪魔にならないようにその端をヴェストや上衣のボタンホールに挿すスタイルが流行った。ヒヤシンス・リガードが1726年

＊ペストの猛威
1347年から50年にかけて伝染病ペスト（黒死病）が大流行した。ヨーロッパ人の3分の1が死んだと推定される。その後も17〜18世紀まで何度か流行している。

に描いたサミュエル・ベルナールの肖像画では、このスティンカーク流がいかなるものだったかつぶさに見ることができる。

19世紀末、クラヴァッタは現在のネクタイ（ロングタイ）に近くなる。それでもフランスやイタリアでは、エレガンスと呼ばれるネッククロス*の面影が残ってもいた。画家ジョヴァンニ・ボルディーニによるロベール・ド・モンテスキュー伯爵の肖像画を見るならば、ネッククロスからロングタイへのちょうど移行状態がうかがえる。モンテスキュー伯はフランスを代表するダンディのひとりである。服の仕立の善し悪し、手袋やステッキの選択と相俟《あいま》って、クラヴァッタをいかに美しく結ぶかが上流階級の男たちにとっては関心の的となっていた。モンテスキュー伯は黒いシルクを優雅に結んでいる。

＊ネッククロス
17世紀から1840年まで使用されていたネクタイに該当する用語。

自己主張のためのクラヴァッタ

クラヴァッタはもともとレジメンタルストライプスのように自分の所属を明らかにする記号として機能していたのに、いまでは自己主張のために力を発揮する。たとえばイタリアの男性は朝、目覚めると窓の外を確認し、その日の光に合わせてクラヴァッタを選ぶ。日本ならばスーツを最初に選び、ネクタイは最後についでとして首にかけるようなものだろう。結び方に気を配るなどということは、考えもしない。1827年に刊行されてフランス、イタリア、英国でベストセラーとなった『クラヴァッタ結びの技法』という書物は、エレガンスを実現するためにネクタイはどう結ぶべきかを解いたハウツー本であった。ちなみにこの本の著者はバルザックではないかと推測されたこともあったが、エミール・マルク・ド・サンティレールであった。サンティレールは『帝国近衛隊史《このえたい》』などの著書もある歴史の大家だ。そんな人物がバルザックの協力を仰ぎながらクラヴァッタの結び方について著わしたのである。

世界のリーダーたちを見ると、みなクラヴァッタをきっちりと小さく結んでいるのに気がつく。結び目が弛《ゆる》んでいるのは論外で、結び目はあくまできりりと結び、なおかつ表情豊かであること……それが必須なのだ。あえて小剣《*しょうけん》の側を長くしたり、小剣側を表に出したり、そうした遊びもクラヴァッタの表情のためだ。『英語辞典』をものしたサミュエル・ジョンソンが最近のリーダーたちの装いを見たら、やはり「ネクタイの結びは、無意味さという尺度にかけては怠惰のつぎに位置する」と言うのだろうか。

＊小剣
ネクタイの細いほうの剣先。スモールチップとも言う。イギリスのクラシックなメーカーのものでは4センチ前後がスタンダードである。

08

シャツのカラー
ラムズフェルド国防長官の変化が語るもの

国防長官として政権に参加した当初、ドナルド・ラムズフェルドはボタンダウンシャツをよく着ていた。しかも合わせるスーツに統一感がないため、存在感がどこか希薄になりがちだった。東部エスタブリッシュメントを「ボタンダウン・ボーイズ」と呼んだりするが、アイヴィーリーガーが好むボタンダウンシャツは、*ブルックス・ブラザースによって1900年に発売された。ポロ競技を観戦していたジョン・E・ブルックスが、風にはためく襟を身頃に縫い付けたボタンで留めることを思いついたことによる。ボタンダウンシャツはつまり、アメリカを代表するシャツであり、20世紀を生きてきたアメリカの歴史そのものでもある。ただし、そのルー

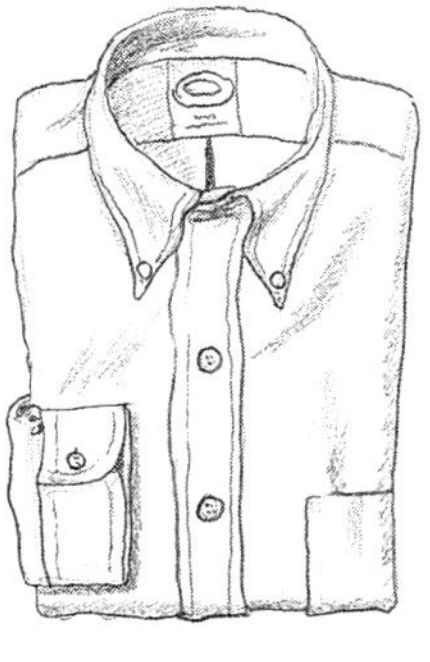

＊ブルックス・ブラザーズ　アメリカのビジネスマンには歴史的に人気の高い老舗ブランド。リンカーン、ルーズベルトなどの政治家、グレゴリー・ペック、フレッド・アステア、ダスティ・ホフマンなどの、多くの有名人に愛用されている。

ツからも明らかなように、ボタンダウンシャツはスポーツシャツに属し、ブレイザー（いわゆるブレザージャケット）などには相応《ふさわ》しいが、ダークスーツに合わせるべきシャツではない。

ジョン・F・ケネディを紹介するさまざまな文章のなかに、しばしば「ボタンダウンを愛用した大統領」とある。とりわけ日本の服飾評論家の多くが、ボタンダウンシャツとケネディを結びつけている。しかし大統領執務室にいるとき、そしてスーツを着用するとき、彼はけっしてボタンダウンシャツを合わせることはなかった。これは「ケネディ＝東部＝アイヴィー」から生まれた神話で、ジョン・F・ケネディがボタンダウンシャツを着るのはクルージングに興じるときなどにかぎられていた。彼はじつにクラシックなスーツスタイルを愛した。大統領時代、旧ソビエト連邦大統領のフルシチョフと同じ仕立屋でスーツを誂《あつら》えたのは知られざるエピソードのひとつだ（18ページ前出）。

ところでドナルド・ラムズフェルド国防長官は、ブッシュ政権がイラクに対する軍事力行使を鮮明にするようになってからというもの、ボタンダウンシャツを着なくなった。代わりに、タブカラーシャツばかりを着るようになった。シャツの襟羽《＊えりはね》にループ状になったタブを付け、それをネクタイの下に回してボタンやホックで留めるものだ。ネクタイをしっかりとホールドし、なおかつ下から持ち上げるように

＊襟羽
シャツののど元から、襟の先＝剣先までのこと。

する。タイを細めに結ぶのが好きなひとに愛されるシャツだ。ボタンダウンシャツからタブカラーシャツへ、という変化はラムズフェルドの何を表わしているのだろうか。

タブカラーシャツを着るようになってからというもの、ラムズフェルドは淡い色のスーツを着ることも少なくなった。ネイヴィーに白のチョークストライプス*など、クラシックなダーツスーツ姿で記者団の前に登場するようになったのだ。彼はネオコンサヴァティヴ人脈のひとりとされるが、なるほどクラシックなスーツのほうが堅固さや安定感を醸《かも》しやすいのかもしれない。ただし、上衣のボタン位置が低くしかも2つボタンのため、タブカラーシャツが目立ちすぎるようにも見受けられるが、ラムズフェルドはそのスタイルを貫くつもりらしい。

一方、ジョージ・W・ブッシュのスタイルは変わらない。襟の開き角度があまり広くないシャツ——セミワイドスプレッドカラーと呼ばれるタイプで、袖口が折り返されて二重となったダブルカフス、そして色は白に限られている。そういえば、色の付いたシャツを着るアメリカの閣僚を見ない。トニー・ブレア英首相がブルーのシャツを愛用し、ジャック・シラク仏大統領がチェック柄のシャツまで着るのとは大違いだ。例外はポール・ウォルフォウィッツ前国防副長官（現世界銀行総裁）で、彼は薄いブルーのシャツにボルドー系のタイを締めて姿を現わすことが多くな

＊チョークストライプス　文字どおり、チョークで引いたような太くてちょっとかすれたようなストライプ。縞《しま》の太さも間隔も広いので、着こなしの難易度は高い。

った。ラムズフェルド国防長官はタブカラーシャツに変えたのに合わせて、それまでのボタンで袖口を留めるタイプから、カフリンクス*で留めるダブルカフスにした。これもより重厚で、よりクラシックな装いだ。

シャツの歴史

歴史上最初のシャツは、獣皮や毛皮製であったとされる。次いで麻製のシャツが登場する。古代エジプトや古代バビロニアで着用されたシャツは、麻製であった。じつはヒトは太古から麻を繊維として利用してきた。およそ1万年前には亜麻繊維を織り上げたリネンをまとっていたとする研究もある。そして古代ギリシャでは、麻糸は運命そのものを象徴するようになる。人間の一生、誕生から死までは、モイラ**たち「運命の3女神」が紡《つむ》ぐ糸の長さに対応すると考えられたほどだ。リネンと人間の関係は長く、19世紀初頭を見ると全繊維消費量のおよそ30パーセントをリネンが占めている。

12世紀後半のヨーロッパでは、鎧《よろい》が発達し、その下に装着するリネン製の具足《ぐそく》(武具の一種)の仕立も合わせて発達した。これが後にテイラーになっていく。最初の仕立屋組合は「チュニック・メイカーズ・ギルド」とされ、1351年にナポ

＊カフリンクス
19世紀に登場したカフスを留めるもの。初期は鎖でつないだものだったが、ばね式のアシで留める簡便な「ジョインテッド・バレル・クロージャー」が一般化した。

＊＊モイラ
ギリシャ神話に出てくる運命の3女神。クロト(つむぎ手)、ラケシス(配り手)、アトロポス(切り手)が彼女たちの名前。つむぎ手が生命の糸をつむぎ、配り手が生命の長さを計り、切り手がその糸を切るとされている。

リで結成された記録が教会に残されている。彼らはテイラーでありシャツ仕立職人でもあった。チュニックはTシャツのような貫頭衣で、聖職者用のものはアルバ（つまり白衣）と呼ばれたようだ。亜麻糸を加工して白くした布が、おそらく高貴とされたのだろう。ただし興味深いことに、9世紀に描かれた『シャルル禿頭王《とくとう》の聖書』の挿絵を見ると、人物は青いチュニックを着ているし、12世紀は貝紫が大流行した。

リネンはシルクと覇を争うが、やがて安価なコットンが登場すると、その座を脅かされることとなる。フランスでは1697年から1715年までの間に、何度もコットン禁止令が出された。何度も禁止令が出されたということは、それだけ効き目がなかったということだろう。ポンパドゥール夫人にいたっては、別荘の家具すべてに禁制のコットンをあしらったことを自慢したほどなのだから。もうひとつ、18世紀には白い布が特別な地位をあたえられたことも特筆すべきだろう。プロシア（ドイツ帝国）の上流階級を中心として、純白の生地が婚礼用に急速に普及した。

シャツの歴史を振り返るとき、襟のかたちの変遷を指摘しないわけにはいかない。初期のTシャツ状のほとんど襟のないものから、16世紀後半になると大きな変化が生じる。巨大な襞襟《ひだえり》が登場するのだ。麻などの薄い布を細長く裁って糊《のり》付けし、それを襞状に加工して首に巻くようになった。フランドル地方では堅牢な襞襟が、スペインや英国ではレースの繊細なものを重ねることがトレンドとなった。１５４０年頃に歴史に登場するレースは、ベルギーのフランドル、イタリアのヴェネツィアやベンネ、フランスのアラソンなどで素晴らしい工芸品に発展した。17世紀になると襞は消えたものの、襟の巨大化＝誇張化は残り、いかに豪奢《ごうしゃ》なレースで首元を飾るかが競われた。19世紀前半のダンディズムの時代は、襟腰《えりこし》の高いものが流行る。ちなみに「ハイカラ」は、この高い襟（ハイカラー）のスタイルから来ている。

シャツは誕生したときから今日まで、もうひとつの根本的な問題と向き合っている。それは「シャツは下着なのか」という問題だ。たしかにチュニックであった当時、下着かそうでないかの境界線は曖昧《あいまい》だった。シャツが下着であるとするひとびとは、下着だから上衣を着るのであり、人前で上衣を脱ぐのはエチケットを欠く行為だと指摘する。TVのニュース番組などを見ると、メインキャスターはスーツ姿、スポーツ担当のキャスターはノーネクタイかジャケットを脱いだスタイルでいることが多い。シャツが下着であるならば、彼らはカメラの前に下着姿を晒《さら》しているということになる。上衣を脱いでも不作法とならないようにするためにヴェストが発達した、という意見もあるほどだ。

シャツにことのほか関心が注がれ、その豪奢さが増していったのはロココ時代のことだった。18世紀の英国では、良質な肌着をまとうことが一種のエロティックな贅沢として確立する。社会全体の都市化が進んだこともあり、奢侈《しゃし》は繊細化を促し、「隠されている部分の贅沢化」をもたらした。19世紀、男性におけるエレガンスの最高の部分は、シャツに結実していく。19世紀における社会の民主化は、衣服における身分差も払拭《ふっしょく》していった。そのために高貴さや優雅さは、普段は隠されているシャツに求められることとなった。ここには「シャツは下着である」という意識と、「下着だからこそ豪奢に」という心理が微妙に滲《にじ》んでいる。

さて、1983年にバグダッドを訪問したときのドナルド・ラムズフェルドは、現在のジョージ・W・ブッシュと同じようなプレーンなシャツを着ていた。先にも書いたように現政権入りしてしばらくはボタンダウンシャツを多用した。ところがイラク問題が緊張を増していくにつれてタブカラーシャツを着る頻度が高くなり、開戦してからはタブカラー以外のシャツは着なくなった。ブッシュ政権にあって、ボタンダウンシャツは少数派で、コリン・パウエル前国務長官を支えたアーミテージ元国務次官補くらいだった。アメリカ新世紀運動に賛同するなど、ネオコン*派かと思われたアーミテージだが、パウエルの国際協調路線を補完する役割を担った。そうしたアーミテージと路線の違いを明確にするために、ラムズフェルドはタブカラーシャツを選んだと考えるのは想像が逞《たくま》しすぎるだろうか。

＊ネオコン　アメリカ新保守主義。アメリカのタカ派外交政策に大きな影響をあたえている。

09

オーバーコートの存在感

ゴルバチョフの周到な演出

1985年3月、アンドロポフの後を受けたチェルネンコ*が急死し、ソ連は若きリーダーを戴《いただ》くこととなった。指導部最年少、当時54歳だったミハイル・ゴルバチョフの登場である。グラスノスチ（情報公開）とペレストロイカ（改革）を掲げ、やがて冷戦構造を終結させるだけでなく、ソ連という政治システムそのものをも崩壊させることになるのだが、西側諸国は当初きわめて冷たい眼差しで見つめていた。自分が西側でどのように見られているか知りながら、ゴルバチョフは積極的に外交を展開する。

初めて英国訪問する際のゴルバチョフの姿が、なぜか強く印象に残っている。ど

＊チェルネンコ　旧ソビエト連邦の政治家。1956年、ブレジネフ書記長の側近として登用され、以降、昇進を続ける。彼の死によってブレジネフ、アンドロポフとつづく高齢者支配は終止符が打たれ、若きゴルバチョフに政権が譲られることになる。

っしりとしたヘリンボーン*のチェスターフィールドコート（次ページ後出）を着て、ホンブルグ**とフェドーラの中間のようなフェルト帽を被《かぶ》り、じつににこやかな表情でサッチャー首相と向き合った。フェドーラとは１８８２年にパリで初演されたメロドラマ『フェドーラ』の舞台に登場したことがきっかけで流行したデザインで、ホンブルグよりつばがやや広くできている。寒い国からやって来る政治リーダーは、もっと重々しいコートを着ているのではないか、帽子も被ったとしても別種のものではないか……そんな勝手な想像がいともあっさりと裏切られた瞬間だった。

ゴルバチョフを継いだボリス・エリツィンもチェスターフィールドを着たが、ビキューナか少なくともカシミア製の贅沢なものだった。南米に生息する動物であるビキューナだと、通常1着のコートを仕立てるのに25頭から30頭分の毛が必要とされる。成獣で2年ごとにわずか２５０グラムしか採れない貴重品で、それだけに大変に高価となる。ところがゴルバチョフは、古めかしい英国のカントリージェントルマンを連想させる素材で仕立てたコートを着ていた。しかもウエストをきっちり絞るのではなく、ゆったりとしたフィッティングになっていた。乱暴に言えば「もっさりしている」のだが、仔細に見ればゴルバチョフが並々ならぬセンスを身につけていることが浮かび上がる、そんなコートだった。

「聖マルティヌスの慈愛」として知られるエピソードがある。今にして思えばゴ

＊ヘリンボーン
1896年イギリスに登場。杉綾織で、大小の杉山の連続からなる柄を言う。英語ではヘリング（ニシン）のボーン（骨）。

＊＊ホンブルグ
ソフトハットのイギリスでの名称。クラウン（帽子のトップ）の中央にクリース（折り目）がつき、ブリム（ツバ）の縁を絹テープで飾り全体が巻き上がった印象のドレッシーな帽子。中折れ帽とも言う。

ルバチョフが着たコートは聖マルティヌスのマントと逆説的な意味で重なり合う。とある市門を通りかかったマルティヌスは、裸の男と出逢う。マルティヌスは男を哀れみ、剣を抜くやまとっていたマントをふたつに切り裂き、半分を男にあたえるのである。パリ国立図書館が所蔵する聖マルティヌスの慈愛を描いた絵を見ると、マントに裏打ちされているのが黒海北部などで捕れる栗鼠《りす》の毛皮で、それも冬毛であることが明らかだ。じつに高価なマントをマルティヌスはまとっていた。

チェスターフィールドコートはイギリスのファッションリーダーであった第6代チェスターフィールド伯が着用したことに因《ちな》む。19世紀後半から20世紀初頭にかけて流行した。前の合わせをダブルか、シングルなら比翼仕立*とし、襟はノッチ**あるいはピークドラペル***、胸にポケットを切り、両腰にフラップ（蓋《ふた》）の付いたポケットがある。全体のフォルムはウエストを絞り、やや細みに仕上げるのが特徴だ。フォーマルウエアとして着用する場合には、上襟にヴェルヴェットをあしらったりもする。ただし、ヴェルヴェットをあしらうのは、フランス革命時に死刑反対を唱えたひとびとが、死者に哀悼の意を表して付けたのがはじまりともされる。

ゴルバチョフの着たコートはツイード製だった。栗鼠の冬毛やビキューナなどと違って、じつに牧歌的な素材だ。シングルで比翼仕立ではあったが、ピークドラペルではなく、尖《とが》った印象はなかった。それどころか、ゆったりとしたフォルムであ

＊比翼仕立
コートの前ボタンを隠すようにする仕立。

＊＊ノッチ（ノッチドラペル）
上襟と下襟の縫い目（ゴージ）がまっすぐになっているタイプの襟。

＊＊＊ピークドラペル
日本では剣襟の俗称。下襟の角度が大きく上がった尖った襟。シングルブレストでピークドラペルは、フォーマルによく見られる。

り、フォーマルやタウンウェアというよりもむしろカントリーサイドを想わせる。いかにも「わたしは素朴で害のない人間です」と言っているようなものなのだ。相手に警戒心を抱かせないファッションとして、これ以上のものはなかっただろう。聖マルティヌスは贅《ぜい》を凝らしたマントを切り裂くことで慈愛を表わしたが、ゴルバチョフは質素だが仕立のいいコートで西側の警戒を解いていった。

コートの前身はマント

マントを裂いてあたえることが慈愛であるのは、それが高価な品物だからという理由だけではない。中世ヨーロッパにおいてマントは、防寒衣というよりも、騎士にとっては自身のアイデンティティーを示す衣裳であり、脱いではならない存在だった。室内に入っても、騎士はマントを脱がないのが通常だった。中世末期からは、夜会用の礼装としてマントが多用されるようになる。ルイ14世は白貂《しろてん》をあしらった豪奢《ごうしゃ》なマントを愛用した。そうしたマントを切るということは、自身の裸を晒《さら》すに等しいと考えられる。だからこそ、聖マルティヌスの徳の高さを示すエピソードとして語り継がれたのだろう。聖マルティヌスは豪奢なマントを切りあたえたが、聖母マリアはマントでひとびとを包み込む。アッシジ*の富裕な織物商の息子として生

＊アッシジ
イタリアの守護聖人であり、第2のキリストと呼ばれる聖フランチェスコの街で、イタリア人のみならず、全世界のカトリック教徒の巡礼の地。

まれたフランチェスコが、神に仕えることを決意したとき、すべての衣服を父親に返し、そのフランチェスコを司教が自身のマントで包んだというエピソードも興味深い。どうやらマントとは、保護や慈愛と結びついているアイテムのようだ。

とは言え、マントの起源はやはり防寒衣であり、外出衣だ。青銅器時代前期とされるデンマークの遺跡からは、前をピンで留めるタイプのウール製マントが出土している。古代ギリシャ人たちは外出する際、キトンと呼ばれる貫頭衣《かんとうい》の上にヒマティオンというマントをまとった。またヴェネツィアでは、階級によって着るべきマントの材質や形状が決められていた。今日でも、通商国家として栄華をきわめていた頃のヴェネツィアを偲《しの》ばせるマントが手づくりされ、生活に溶け込んでいる。とりわけカーニヴァルやパーティーに、マントは欠かせないアイテムだ。ヴェネツィアだけでなくマドリードにも、昔ながらのマント専門の仕立屋がある。マントが、袖の付いた、いわゆるコートへと変わるのはヨーロッパ中世後期のことだ。

オーバーコートという呼称は、詳《つまび》らかではないものの18世紀には登場していたようだ。広く「戸外で用いる外衣」のことであったが、やがて地名や人名などを冠した多種多様なコートがつくられるようになる。チェスターフィールドコートもそのひとつだ。クリミア戦争時のラグラン将軍に因んだ*ラグランコート、ダブルの合わせとなった身頃をベルトで締めるアイルランド産の重厚な織物を使った**アルスター

＊ラグランコート
襟ぐりからわきの下に切り替え線を入れ、肩と袖をひとつづきに袖布を縫い付けた袖のコート。袖ぐりが深いため負傷者でも楽に着脱できると考案された。

＊＊アルスターコート
トレンチコートの原型で、本格的にはアルスターと呼ばれる厚手のコート生地が使われる。

コート、ボタンがなくベルトで締めるだけのタイロッケンコート……などがこの時期、一斉に登場する。ヨーロッパ北部では本来は大きな毛皮襟を特徴としたひざ丈のチロリアンコートも人気だ。ピーコートやダッフルコート*も、こうした時期に著しい進化を遂げた。さらに戦争が近代化していくのに合わせて、防寒と防雨機能を兼ね備え塹壕《ざんごう》内での行動に適したトレンチコート**なども生まれる。

変わったところでは、インバネスだろうか。19世紀に完成した男性用コートで、袖の代わりにケープがついているタイプだ。日本では鳶《とび》や二重回しなどと呼ばれた。日本の洋装史を繙《ひもと》くと、１８７０年に大阪でインバネス専門店が開かれていたとある。スコットランド北部のハイランド州で生まれたとされるインバネスは20世紀に入ると、テイルコート（燕尾服）を着用したときのオーバーコートとなっていく。アルセーヌ・ルパンがマントを翻《ひるがえ》すのと対照的に、シャーロック・ホームズは3色の格子が重なったガンクラブチェックのインバネスを着ている、そんなイメージが強い。

ミハイル・ゴルバチョフが一見地味ながら、じつに戦略的なチェスターフィールドコートを着用したのに引き換え、最近の政治リーダーたちはオーバーコートに注意を払っていない。たとえばクリントン政権からブッシュ政権への引き継ぎのとき、新旧大統領はともにダークカラーのチェスターフィールドコートを着ていた。たし

＊ダッフルコート
フードと特徴的なトッグル・ボタンの付いた厚手のウール地コート。ベルギーのアントワープ近くの町＝ダッフルでつくられたのでこの名がある。

＊＊トレンチコート
ダブルのベルト付き、防水加工のコート。綿や薄手のウール素材で、肩章（エポーレット）と2枚のヨークが付いている。バーバリーやアクアスキュータムが有名。

かに高価そうではあったが、何かを語りかけるようなコートではなかった。クルマ社会のアメリカにあっては、オーバーコートはあまり重用されなくなってきているのかもしれない。しかし、それならそれで、クルマを降りて建物に入るまで羽織るための、あるいはホテルのクロークに預けるためのオーバーコートがあってもいいのではあるまいか。イタリアのある仕立職人は「フォーマルなコートをきちんと着てしまうほど野暮なことはない、袖を通さず羽織るべきだ。そう、ちょうどマントのように」と言ったものだった。注意を払わないと言えば、日本の政治家もオーバーコートを軽視しているような印象を受ける。薄っぺらなコート姿があまりに目立つ。

以前、ヴェネツィアで昔ながらのマントを仕立てているアトリエを訪ねたおり、どうしても欲しくなって手に取ったものがあった。店主はこちらの職業を訊《たず》ね、それから首を横に振った。

「残念だが、それはあなたが着るマントではありません。それはかつてヴェネツィアの外交官が着たマントです」

いまだに、この買えなかったマントのことが気になっている。

10

首脳外交における装い

ノルマンディーからシーアイランドへ

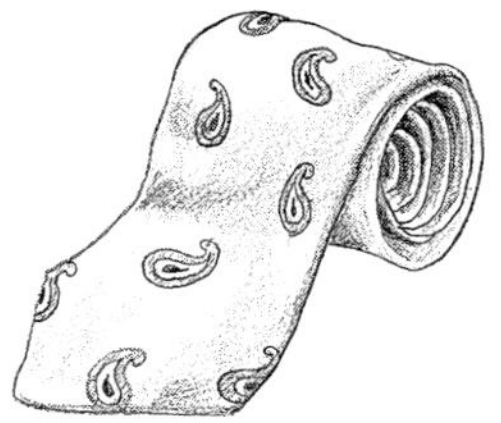

2004年の夏を、後世の歴史はどのように記すことになるのだろうか。とりわけ6月はノルマンディー上陸作戦Dデイ60周年記念式典が6日にフランスのアロマンシュで、8日から10日にかけてはアメリカでシーアイランド・サミットが、11日はワシントン大聖堂でレーガン元大統領*の国葬が、26日から29日にかけてアイルランドとブリュッセルでEU首脳会議が、イスタンブールでは28日にNATO首脳会議、29日にEAPC（欧州大西洋協力評議会）首脳会議……と、首脳外交が相次いだ。

ノルマンディー上陸作戦の舞台となったのはオマハビーチだが、程近いアロマン

＊レーガン元大統領
第40代アメリカ大統領。最年長の69歳で選出。ベルリンの壁とソ連崩壊に大きな役割を演じた。2004年93歳で死去。

シュに、旧連合国の首脳たちばかりでなく、敵国であったドイツからはゲアハルト・シュレーダー首相も参席した。式典当日、アロマンシュは風が強く、フランスのジャック・シラク大統領が着たスーツの上衣の襟ははためいていた。これはランヴァンなどフランスを代表する仕立の特徴で、襟をどこまでも柔らかくつくるために風にはためくのである。シラク大統領は「フランスの解放は、永遠の友人で同盟国であるアメリカによっている」とスピーチする一方、「いまここにかつての兵士と敵がともに集い、同じ歓喜を味わっている」と和解を語りかけた。

この式典には、アメリカのジョージ・W・ブッシュ大統領やイギリスのトニー・ブレア首相も列席した。しかしながら、イラク戦争をめぐって生じた溝を埋めるまでにはいかなかった。むしろフランスとドイツとの親密ぶりがくっきりと浮かび上がった。式典に臨んだシラクとシュレーダーは、仕立屋はもちろん異なるものの同系のライトグレイのスーツ、そしてネクタイまでが打ち合わせたように同色系のストライプスであった。コスチュームの選択においても、フランスとドイツの首脳はかつてないほどの一体ぶりを示した。

つづくシーアイランド・サミット*でも、各国首脳のファッションは注目に値した。アメリカを代表するリゾート地のひとつで開催されたこと、そしてイラク戦争をめぐる鋭い対立を和らげるために、ブッシュ大統領はネクタイを外すことを提案した。

＊シーアイランド・サミット
アメリカ主催のサミット。イラク戦争での欧米対立を緩和させる目的もあった。

日本の小泉首相をはじめほとんどの首脳がその提案に応じたが、ひとりだけ頑《かたく》なに拒んだ人物がいた。フランスのシラク大統領は、ブッシュ大統領との会談に向かうとき、ネクタイをきっちりと締めていた。しかもアメリカが好む赤系のネクタイを締めていた。他国の首脳たちは会談会場までゴルフカートに乗ったが、シラクだけは歩いて向かった。これは最大限の敬意の表現であると同時に、ブッシュ政権に対する抵抗でもあった。フランス流慇懃無礼《いんぎんぶれい》とでも言うべきか。

カンヌ国際映画祭でパルムドール*に輝いた、マイケル・ムーア監督の『華氏911』を見ると、ブッシュ大統領を捉えたさまざまな映像が登場する。ゴルフウェア姿のブッシュ、あるいは着古したTシャツにカウボーイハット姿のブッシュは、スーツ姿のときよりもはるかに生き生きとしている。ハーヴァード大ビジネススクールでMBAまで取得しながら、ジョージ・W・ブッシュという人物はスーツよりもスポーティーなスタイルのほうが似合っているのだ。どうせならばシーアイランド・サミットでも、ノーネクタイなどという中途半端なドレスコードではなく、いっそのことスポーティーなスタイルで、としたほうが良かったかもしれない。

ネクタイを外せばカジュアル、というのは大いなる誤解だ。タイドアップ・カジュアル、ネクタイをきちんと締めるカジュアルもある。釣りや狩猟といったスポーツ**でさえ、ネクタイをきちんと結んで臨むべき場合があるほどだ。だからこそ、ノ

＊パルムドール
カンヌ映画祭の最高の賞。パルムドールとは「金のシュロ」の意。トロフィーのかたちからきている。

＊＊釣りや狩猟といったスポーツ
英国のジェントルマンにとって、狩猟はスポーツであり、ハンティングジャケットというものが存在するほど、おしゃれをして愉しむものであった。ジャケットに合わせてネクタイも着こなしの一部になっている。

ーネクタイのときはネクタイを締めているとき以上に上級の着こなしが要求されると心得たほうがいい。

　それにしてもノーネクタイ姿の首脳たちはみな、どこか居心地悪そうに見えるものだ。スーツから単にネクタイを外しただけに等しい着こなしだからだろう。なかには本当にスーツ姿でネクタイを外しただけの首脳もいた。ブッシュ政権が意図したのは「カジュアルにフランクに」なのだが、サミットの重さが各首脳たちにスポーティーな装いを選ぶことを躊躇《ためら》わせたのかもしれない。シーアイランドという場所柄を考えれば、麻かサマーコットン*のスーツ、あるいはジャケットとパンツの組み合わせが相応《ふさわ》しい。より快適さとプライオリティを表現するならば、シルクシャンタン**のジャケットにサマーウール***のパンツという選択もある。加えて靴も大事な要素だ。リゾート地ではそれなりの靴を合わせるべきだが、多くの首脳たちはダークスーツ用の黒い靴を履いていた。

　1975年にランブイエではじまったとき、サミットとは、経済危機に対処し、その安定のために指針を示す場であった。その後、しだいに政治サミットとしての色彩を強めるにしたがって、スイスのダヴォスで開催される世界経済フォーラムが存在感を増していった。やがて1997年からはロシアが正式参加するようになり、サミットはG7からG8体制へと移る。2003年、フランスでのエヴィアン・サ

＊サマーコットン
絹のような滑らかさと通気性を誇り、夏素材の一番手。カリブ海の一部で採れるものはシーアイランド・コットンとして知られる。

＊＊シルクシャンタン
張り合いがあり変わった地合いが特徴の、平織り絹地。つむぎ風に、糸を撚《よ》ったとき玉上になった部分が浮いた独特の風合いがある。イタリア製シャンタンは高級品として有名。

＊＊＊サマーウール
羊毛を細く撚《よ》って夏向きに織られたもの。薄手なのに生地にやや重みがあるのできちんとした印象になる。

ミットでは、中国が招かれた。中国やインドをサミットのメンバーに加えるべきかどうか、さまざまな声がある。中国をパートナーではなく競争相手と看做《みな》すブッシュ政権はシーアイランド・サミットに中国を招待せず、代わりに大中東圏構想を打ち出してトルコやヨルダンの首脳たちを招いた。

ＥＵ加盟を目指すトルコの政治リーダーの装いは、もっと注目されてよい。トルコは歴史的に優れた仕立屋を輩出してきた。以前、イスタンブールの仕立屋を取材したとき、その素晴らしい技術に溜息が漏れたものだ。トルコでは各地で仕立屋修行が営まれ、イスタンブールで技術を積み、イタリアでさらに技術を磨き、パリかロンドンでアトリエを構えること……が一種の出世コースとなっている。事実、パリやロンドンの仕立屋のアトリエでは、多くのトルコ人が裁縫師として働いている。

各国リーダーたちの弔問外交の服

6月8日〜10日のシーアイランド・サミットで議長を務めた後、ブッシュ大統領は今度はレーガン元大統領の国葬という弔問外交に臨むため、11日ワシントン大聖堂に向かった。現ブッシュ政権を支えるネオコン（新保守）派と呼ばれるグループは、強いアメリカを復活させたロナルド・レーガン元大統領こそが理想のリーダーだと考えている。けれども国葬が営まれたワシントン大聖堂を眺め渡してみると、意外にもネオコン陣営の弔意が気になった。たとえばチェイニー副大統領はブラックスーツだったものの赤系のネクタイを締めていたし、ラムズフェルド国防長官はストライプスのスーツ姿だった。クリントン前大統領とパウエル国務長官（当時）がブラックスーツに黒いネクタイ姿だったのと対照的な姿が際立った。

　レーガン元大統領とともに冷戦を終わらせたミハイル・ゴルバチョフ元ソ連大統領は、青いシャツに青いドットの入ったネクタイを締めていた。またチャールズ英皇太子は黒いネクタイを締めていたものの、黒ではなく濃紺のスーツ、それもダブルブレストでサイドベンツというものだった。ジェラルド・フォード元米大統領は濃紺に白のストライプスのスーツ、それにやはり柄もののネクタイという装いで臨んでいた。国葬列席者に対して、ドレスコードはいったいどう指定されていたのか。19世紀末に成立し、その後、改訂が加えられてきた英国式ドレスコードを広げてみると、どこを探しても赤いネクタイで葬儀に参加していいとは書いてない。スーツの上衣も、ポケットにフラップがあってはならないし、ベントを切ってあってはならない。ダークな色調であってもストライプスはビジネススーツであるので葬儀に臨むには相応しくない。靴は黒でレースアップのキャップトゥ*、ゴールドではなくシルバーの控えめなアクセサリーを……そんなふうに書かれてあるはずだ。もっと

＊キャップトゥ
爪先に横一文字に切り替えのあるストレートチップのこと。爪先部にキャップをかぶせたように見えることから。

も、故ダイアナ元英皇太子妃の国民葬のときも、チャールズ皇太子は濃紺のダブルブレストのスーツ姿であったのだが。

シーアイランド・サミットとレーガン元大統領の国葬を見ていて、ふと、エドガー・ドガが描いた作品のひとつを憶い出した。それは1872年に描かれた『ニューオーリンズの木綿市場』という作品で、画面の中央やや左の綿花の白さと、画面に登場する14人の男の衣裳が鮮やかなコントラストをなしている。14人のうちただひとりが淡い色の上衣を着ているのみで、他はみな黒い衣裳なのだ。机に向かって帳簿を付けている男も、ハイシルクを頭に載せたまま椅子に座って綿花の質を確かめている初老の男も、新聞を読んでいる男も、窓枠に凭《もた》れている黒人も、誰もが黒服姿だ。綿花の白さは富を象徴し、男たちがまとう黒服は権力や権威や地位を象徴する。そのように読み解くことができそうだ。

2004年のサミットが開催されたシーアイランドはジョージア州のリゾート地で、そのジョージア州を代表する都市がアトランタだ。アトランタと同じくアメリカ南部出身のカーター元大統領やクリントン前大統領がレーガンの国葬で古いドレスコードを守り、その一方で、レーガンを崇《あが》めているはずのチェイニーやラムズフェルドがドレスコードから外れたコーディネイトであったのはじつに興味深い。

11

フォーマルのドレスコード

内閣認証式のモーニングコート

小泉第2次改造内閣がスタートしたのが、2003年9月22日午後4時過ぎのことだった。「郵政」を争点に自民が圧勝した衆院選を受けて、第3次小泉内閣がスタートしたのは2005年9月21日夜だ。それにしても、皇居での認証式に臨む男性議員はなぜ揃ってモーニングコート（カッタウェイコート）なのだろうか。

古いドレスコードブックのページを繰ってみると、モーニングコート*は「昼間のヴェリーフォーマルに相応《ふさわ》しい服装」と出ている。しかし、その名のとおりモーニングコートとは昼間の礼装であり、夜間の着用はけっして認められない。もともとは朝の散歩用の服装として、19世紀の英国で制定されたものだった。「夜間のヴェ

＊モーニングコート
前裾が斜めに裁たれていることからカッタウェイコートとも。モーニングコートは本来、正礼装・昼間用の服、しかもグレイ系が基本。日本では黒の上衣＋縞のパンツだが、本来は昼間の服なのでグレイがドレスコードである。

リーフォーマルに相応しい服装」とは、テイルコート（燕尾服）である。認証式が日没後となる場合は、モーニングコートではなくテイルコートを着用すべきなのだ。

　今回の認証式および記念撮影を見ていて、いくつか気になることがあった。縦縞柄ではなく、また小さな格子柄でもなく、無地に近いシャークスキン*のパンツを着用した閣僚がいた。ロイヤル・アスコットなどパーティーに等しい場に出席するならば、グレイで共地のモーニングコートも許されるが、皇居での認証式という性格を考えるなら、やはり縦縞柄を選択すべきだったのではないか。シャツの袖口をボタンで留めるタイプ、ごくごく日常的なシャツを合わせていた閣僚もいたが、これはきわめて恥ずかしい装いだ。袖口はやはりカフリンクスで留めるべきだろう。また、胸ポケットにポケットチーフを挿していた閣僚はわずかひとりだけだった。

　帽子と手袋を携えている閣僚は皆無だ。服装文化の違いと言って済ますには、これはあまりに重要なポイントだ。ハイシルクハットとグレイの手袋を携えてはじめてフォーマルウェアとなりうるのであって、それを欠くのはネクタイを締めないのと同じである。セミフォーマルなドレスコード指定でさえ、黒のホンブルグ帽の着用が求められている。シルクハットを被《かぶ》らなくとも手に、手袋を嵌《は》めなくてもやはり手にすることがドレスコードだ。ウイングカラー（立襟）のようにクラシックなシャツを選択するのであれば、なおさらなぜポケットチーフ、シルクハット、手袋

＊シャークスキン
梳毛《すきげ》織物。濃淡あるいは異色の糸を交互に配列して綾織りし段階上の柄にしたもの。表面が鮫肌《さめ》を連想させることからこの名が付いた。

を欠くのか理解に苦しむ。

フォーマルか執務服か

日本におけるフォーマルウェアの歴史は、じつはそのまま洋装受容の歴史と重なる。オーストリア・ハンガリー二重帝国が成立し、マルクスの『資本論』第1巻が発表された1867（慶應3）年、御雇《おやとい》外国人として幕府はフランスから軍事顧問団を招いた。そのなかにアルベール・シャル・ジブスケという人物がいた。ジブスケは後に「治部輔」と名乗るようになるほどの親日家で、麻布鳥居坂に居住した。大村益次郎は鳥居坂に通い、ジブスケから軍服のデザインを学んでいる。日本の軍服は、大礼服*から一兵卒にいたるまで、彼の提示したデザインが基礎となった。

1869（明治2）年、明治維新から間もない日本を、英国のエディンバラ公が訪ねた。その装いは明治天皇に強烈な印象を与え、日本が本格的な洋装に向かう刺《し》戟《げき》となった。米視察団に加わった岩倉具視《ともみ》は、他の参加者が束帯《そくたい》姿であったのに洋装にこだわった。英国に向かったときは、ヴィクトリア女王に謁見《えっけん》するためにサヴィルロウで大礼服を調製させたほどだ。そして1872年、いわゆる洋装令が発布されて、文武百官の大礼服**が定められる。衣冠束帯《いかんそくたい》烏帽子《えぼし》直垂《ひたたれ》は祭服となり、第1

＊大礼服
正礼装より格上の礼装。燕尾服に勲章やヴェストなど種々のアクセサリーが必要。その昔は「肋骨《ろっこつ》服」と呼ばれた金モールの付いた服だったが、現在は見ない。国王の即位や戴冠式、大葬などでの着用なので、一般人には縁はない。

＊＊文武百官の大礼服
鎖国が解け、1871年の明治天皇の勅喩を受け、翌72年に大政官布告で、正式に洋服が正服（大礼服）に。

礼装としてテイルコート、略礼服としてフロックコートの着用が定められたのである。モーニングコートがフォーマルウェアに加わるのは、昭和天皇即位の大礼式が挙行された1928年のことだ。

日本の宮中では、勲一等勲章親授式、国賓《こくひん》のための宮中晩餐といった場でテイルコートが着用される。これに対して、「時間帯よりも行事の重さによって服装が規定されているのでは」と指摘する声もある。しかし、第一礼装はあくまでテイルコートである点を重視すべきだ。フロックコートは執務服であって、厳密な意味でのフォーマルウェアとは認められない。ましてやモーニングコートは新しく登場した服装であり、ドレスコードからすればフロックコートのさらにつぎに位置する。つまり、テイルコートは昼でも夜でも着ることができるが、モーニングコートとなると昼間はまあ認められるが夜間の着用はならないといった程度の服装だと考えるべきなのかもしれない。

となると、内閣認証式におけるモーニングコートは、フォーマルウェアとしてのものなのか、それとも執務服のひとつとしてのものなのか、再検討してみる必要がありそうだ。執務服であるならば、シルクハットと手袋を携えていないのも、かろうじて理解の範疇《はんちゅう》に収まる。けれども、戦没者追悼式でモーニングを着用していることを考えると、やはりフォーマルウェアとしての性格を強く帯びているようにも思える。日本武道館で執り行われる全国戦没者追悼式では、モーニングコートに縞《しま》や灰色のネクタイを締めている姿が見受けられる。いったいどうしてこんなことになってしまったのか、縞や灰色は慶賀のときのアイテムであって、これでは死者に対する冒瀆《ぼうとく》に他ならない。死者を悼《いた》む場合、あくまでも黒いネクタイを結び下げるのがドレスコードだ。

「第1礼装や略礼装などと言いますが、フォーマルウェアはテイルコート以外にないと考えるべきではないでしょうか」

そう語るのは、銀座で最古の歴史を誇るテイラー、高橋洋服店の3代目当主、高橋純氏だ。氏は慶應義塾大学を卒業後、ロンドンで仕立を学んだ。ビジネススーツだけでなく、テイルコートなどのフォーマルウェアの仕立、さらにドレスコードそのものについても知識を吸収されている。

「フロックコートは、いつしか消えていってしまった服ですが、フォーマルウェアというよりも執務服、オフィシャルな服と捉えたほうがよろしいでしょう。モーニングコートも同じくオフィシャルウェアです。フォーマルウェアだから時間帯による着用基準があるのではなく、西洋では装いそのものに時間や場所によるドレスコードがあるのです。まずそう理解することからはじめるべきでしょう」

高橋洋服店の創業は1903年、顧客には後藤新平*や岸信介**、河野一郎***といった

＊後藤新平
明治・大正時代の政治家。関東大震災後の都市建設や鉄道の発展に貢献し、外交官としても活躍。

＊＊岸信介
第56~57代内閣総理大臣。日米安全保障条約の批准、国民年金制度の創設などに尽力。同じく総理大臣になった佐藤栄作は実弟。

＊＊＊河野一郎
昭和時代の自由民主党の実力者。反吉田（茂）派の急先鋒《きゅうせんぽう》として鳩山内閣樹立に尽力。以後、度々入閣。東京オリンピックでは担当相として辣腕《らつわん》を振るう。新自由クラブ代表を務めた河野洋平は次男。

錚々《そうそう》たるひとびとが名前を列《つら》ねる。氏が言うとおり、後藤新平の写真を見るとフロックコート姿がひじょうに多い。それはフォーマルな場で撮られた写真というわけではなく、通常の執務の合間に写されたものだったりする。言わば今日におけるダークスーツのような役割を、フロックコートは担っていたのだ。過日、岩手県水沢にある後藤新平記念館を高橋氏とともに訪ねたが、そこには1923年6月に調製されたフロックコートが展示してあった。しかもそのフロックコートは、高橋洋服店の初代である高橋次助氏の手になるものであることが、内ポケット内に縫い付けられたカスタマーラベルから判明した。

高橋洋服店の初代は、仕立の技術をロンドンやパリではなく、またニューヨークでもなく、当時のプロシア（ドイツ帝国）で学んだ人物だった。創業してから9年後、妻子を実家に預けて単身での渡欧であった。創業前は、横浜で英国人から仕立を修業したとも言う。いまでこそ、ロンドンやイタリアの仕立に注目が集まっているが、19世紀後半から20世紀前半にかけて、プロシアに優れたテイラリングの技術があった。ハプスブルク帝国の威光は、彼の地に富とともに文化と技術も蓄積させた。また当時は、アメリカのミッチェル裁縫学校に留学する者も多かったのだが。

「古くから外交官のお客さまは、比較的多かったですね。かつてヴァチカン大使を務められた方も、長いお客さまでした」

この元ヴァチカン大使は、どうやら故田村幸久氏のようだ。こうした外交エリートたちは、海外での儀典、ドレスコードに通じていく。その情報は高橋洋服店にフィードバックされて、同店を日本でも類稀《たぐいまれ》な存在にまで高めた。

「お客さまからいただく知識、それは生きている知識です。もちろん、ロンドンで学んだこともたくさんありますが、お客さまの現場情報とも言うべきものが、高橋洋服店を育ててくださいました」

高橋純氏は『フォーマルウェアブック　恥をかかないフォーマルウェア』という冊子をつくられているが、それは高橋洋服店が歴史を刻みながら集積した豊かな知識がまとめられたものである。

高橋氏と話しながら、フォーマルウェアをめぐって新たな疑問も浮かんだ。それは国会本会議場における装いについてだ。通常国会にしろ臨時国会にしろ、その開会式に天皇陛下はモーニングコートを着用される。しかし、衆参議長以外にモーニングコート姿の議員はいない。天皇陛下は国会に到着されると、衆議院ではなく参議院に向かわれる。これはかつて貴族院だった時代の名残《なごり》であるだろう。ならばこそ、男性議員はモーニングコートを、女性はアフタヌーンドレスか白襟紋付を着用するのが礼というものではあるまいか。

12
クールビズ異聞
ドレスコード文化のない悲喜劇

「ノーネクタイは楽だ」——これは2005年9月30日、官邸で記者団に対して漏らした小泉純一郎首相のコメントだ。週が明けた10月3日、今度はTVカメラを前にしたいわゆるぶら下がりで、「ネクタイは窮屈だ」とコメントしている。どちらも、環境省が提唱した「クールビズ」が終了したことについて求められたものだった。ネクタイを外し、上衣を脱ぎ、オフィスなど室内の冷房温度設定を28度にすることで、地球温暖化の原因となるガスの排出を抑え節電を促そうとするのがクールビズだ。2005年の夏、日本にはまさに「クールビズ狂想曲」とでもいうべき状況が現出した。ネクタイをきりりと締め、首を押さえてしまうとたしかに暑い。

ならばネクタイを外すことで温暖化に抗しようという趣旨は理解できる。だが、永田町を中心に繰り広げられた光景は、どう見ても悲喜劇だった。

クールビズがスタートした当初、閣僚たちの姿は目を覆いたくなるような酷《ひど》い状態だった。それなりに頑張ったつもりなのだろうが、スーツとゴルフウェアとパジャマしか着たことのない人間には荷が重かったようだ。みな、ぎこちなかった。首相は沖縄の「かりゆしウェア」*を着た。ところがしだいに、いつものスーツ姿からネクタイと上衣を除いただけのスタイルになっていった。

ボタンダウンシャツのように、もともとスポーティーな装いとして誕生したシャツを着用するならばまだましで、クレリックシャツ**でクールビズ、という珍妙な姿もあった。聞こえてくるところでは、環境省内に設けられた検討委員会に名を列《つら》ねている有識者のなかから、「クレリックのシャツならネクタイを外しても恥ずかしくない」との提案があったという。クレリックシャツとは昼間のシャツで、しかもネクタイを締めてこそ完成するシャツなのに、だ。そうしたドレスコードを無視していては、いくらクールビズを叫んでも、全先進国から理解されるものとはなりにくい。

またある閣僚は、東南アジアの民族衣裳に似たシャツを着たものの、金の太いネックレスを胸元から覗かせていて、どこか怪しい業界の人間のように見えてしまっ

＊かりゆしウェア
沖縄で縫製されたアロハシャツに似た開襟シャツ。かりゆしとは縁起のいいことの意味。

＊＊クレリックシャツ
身頃が色無地あるいは縞で襟とカフが白のシャツ。クレリックとは牧師（神父）のことで着ている服装が黒の上着から白襟が立っていることから、襟が白いシャツをクレリックシャツと呼ぶようになったことにはじまる。

た。さらに、上衣を脱いだためにベルトやバックルも見えることとなり、その結果、閣僚たちはベルトとバックルにまるで関心を払っていないことが露呈してしまった。ベルトと靴の色が合っていない閣僚もいた。ベルトが茶で靴が黒、あるいはベルトが黒で靴が茶という具合だ。せめてベルトと靴は色を合わせるべきだ。それとも、型破りな小泉政治にならって「異色の閣僚」を鮮明にするためなのだろうか。

おそらくどの閣僚も、クリーニングから戻ったか購入したばかりのシャツを着たのだろう、畳《たた》み皺《じわ》がくっきりとついていた。上衣を脱いだとき、身頃に畳み皺がついているのは、ヨーロッパでは恥ずかしいこととされる。たとえ畳んでしまってあったシャツでも、着る前にプレスをし直して身頃や背の畳み皺をとるのが望ましい。クリーニング店に頼む場合でも、糊付けをせずにハンガー掛けに仕上げてもらう方法もある。ばりばりと音をたてそうなほど糊の利いたシャツは、かえって不自然だし着心地も悪い。シャツを自宅で洗い、自らアイロンをかけてみれば、シャツがどのようにつくられていて、どう着るのが愉しいかもわかるはずなのだが。

日本を代表するウエルドレッサーである小林陽太郎[*99]氏をめぐっては、さまざまな伝説がある。毎朝、その日に着るシャツを自分でプレスする——というのも、そのひとつだ。過日、インタヴューしたおりに伝説の真偽について訊《たず》ねた。すると、「いや、さすがに毎日ということはありませんが。父親の躾《しつけ》もあったのでしょう、

***小林陽太郎**　富士ゼロックス代表取締役会長。慶應大学経済学部卒、ペンシルヴァニア大学ウォートンスクール修了。上質な仕立のビジネスウェアを着こなす企業トップのひとりである。

自分のことは自分でするというふうに育ちましたから」と微苦笑まじりに答えられたものだ。それから、こんなふうに言葉を継いだ。

「クールビズもいいでしょう。オフィスの室温を28度に設定するのも結構。ですが、みんなで一緒にネクタイを外さなくてはいけないものなのかどうか。わたしは暑がりですが、ネクタイが好きです。自由にさせたらいい」

　まったく同感である。ましてや、ネクタイを外すのが改革派で、ネクタイを締めているのは抵抗勢力であるかのような論調までが出るにおよんでは、はっきりと申し上げたくなる。

「ネクタイを締め、上衣を着ているから、あなたたちはまだ見られるのですよ。ネクタイを外してもドレスアップできる着こなしを自分のものとしない人間に、政治を任せるのは怖くてなりません」

　不思議なのは、ネクタイを外した政治家たちの誰も、和服を着ようとしなかったことだ。越後上布*や八重山上布**のように、日本には日本の風土に合った素晴らしい素材がある。そして、同様にキモノは世界に誇れる文化であるのに、誰も目を向けようとしなかったのは理解に苦しむ。着流しではちょっと、と言うなら上布や絽***で仕立てたアンサンブルを着ればよい。着慣れていない、現代生活には不自由だと感じるなら、野袴《のばかま》や袖無し羽織を合わせるスタイルもある。アジアの風土と歴史の

＊越後上布《じょうふ》
越後（新潟）の小千谷、十日町、塩沢を中心とした地域で生産される平織りの麻織物。夏の高級着《き》尺《じゃく》地。「上布」とは上等の麻織物の意味。

＊＊八重山《やえやま》上布
薩摩藩への貢納布《こうのうふ》として歴史をもつ麻織物のひとつ。石垣島で織られ、ここでしか採れない紅露（くーる）という植物染料を使う。

＊＊＊絽《ろ》
盛夏用の染下生地で織り目が透いた薄い絹織物。独特の透き間を絽目《ろめ》と言い、この絽目が横方向のものを横絽、縦方向のものを竪絽という。

なかで育まれたキモノは、じつはすこぶる快適なファッションだ。

あるヴェンチャー経営者と話し込んだおりに、彼はこう漏らした。

「クールビズって、政治家が言い出してしかも政治の具にしてしまうところが、なんだか情けないですね。明日はこの会議がある、あのひとに会う、だからこのスーツにこのネクタイを合わせてと考えるのが愉《たの》しいのに。そうした愉しみを、政治家が知らないというのなら、それはとても不幸なことですよ。ヴェンチャーはもともとみんなクールビズみたいに見られるのも心外です」

靴はその人の能力を映し出す

投資家としても活躍するこのヴェンチャー経営者は、当然のことながら海外の金融関係者と会うことも多い。そのとき、相手は必ずこちらのファッションと着こなしを、一瞬のうちにチェックするという。

「彼ら自身が高価なスーツを着ているか、それは別の問題です。しかし、彼らはビジネスの相手がきちんとした仕立のスーツを着ているか、ドレスコードを理解しているか、そのことで冷徹な線引きをするのです。スーツももちろんですが、靴は重要ですね。丁寧に手入れされているかどうか、そこは厳しく見ています」

靴といえば、クールビズの期間中、閣僚たちの足元はどうだったろうか。これまた哀しいことに、スーツ姿のときと同じ靴が散見された。また、クールビズとなった途端、茶系の靴が増えたことも気になった。ドレスコードが文化として血肉化されていないがゆえに生じた悲喜劇だ。茶色はあくまでもカントリーサイドの色、ましてや日本の中枢で国政に携わる人間が履く色とは思えない。あくまでも黒い靴で、しかもクールビズに相応しいコーディネイトを模索するべきだった。

ところで、クールビズは第44回衆議院選挙に影響をあたえたのだろうか。郵政民営化をめぐって行われた総選挙は、自民党の圧勝だった。はたしてそれは「クールビズ効果」だったのか。ネクタイを外した小泉首相に対する信任であったとするなら、ウォームビズ*となってネクタイを締めることは有権者に背を向ける行為ではあるまいか。

小泉首相はクールビズ期間が終了し、ふたたびネクタイを締めて上衣を着たとき、「窮屈だね」と呟《つぶや》いた。それはそうだろう。小泉首相のシャツは、襟がとても硬くできている。かつてのフォーマルウェアに合わせるシャツを思わせるほどだ。そこにシルクの柔らかいネクタイを締めた場合、よほど体にフィットした仕立のシャツでなければ、窮屈に感じるのが当然だ。しかも小泉首相のスーツ、明らかにオーバーサイズである。サイズがゆったりしていれば楽なように感じるが、これは大きな

＊ウォームビズ
環境省発信。2005年秋冬の温暖化防止ファッションのスタイル。暖房を控えた冬のオフィスでも快適に働けるようにとのもの。2005年夏の「クールビズ」の秋冬版。ネクタイやヴェストなどのアイテムに市場は過熱傾向に。

誤解だ。体に合っていないスーツというのは、とても疲れる代物だ。そうしたことを棚上げして、「クールビズは楽だ。ネクタイは窮屈だ」と言い放つのは乱暴であろう。

日本は明治維新で脱《だつ》亜《あ》入《にゅう》欧《おう》を掲げ、洋装を公式のものとした。けれどもドレスコードという文化が根付くことはなく、そのために「日本だけでしか通用しない洋装」というチグハグが生ずることとなった。「自民党をぶっ壊す」と勇ましく宣言した小泉首相は、ドレスコードをぶっ壊して新しいドレスコードを創造しようとしたわけでもなさそうだ。クールビズを見るかぎり、繰り広げられた光景はやはり悲喜劇でしかない。

13

吉田茂と白洲次郎
ふたりの巨人が愛した服

かつてロンドンの仕立屋やシャツ店を取材して歩いたとき、その顧客台帳にふたりの日本人の名が記されているのを見つけた。ふたりの名前は、何度も繰り返し現われた。吉田茂*と白洲次郎**が、そのふたりの名だ。第2次世界大戦後の日本の舵《かじ》取りを担った吉田と、吉田の側近としてGHQを相手に啖呵《たんか》を切りつづけた白洲である。ふたりの名が同じ時期に顧客名簿に並ぶのは1936年から1939年にかけてのことで、吉田が英国大使としてロンドンに駐在していた時期と一致する。まさにこの頃、吉田と白洲はロンドンにおいて出逢い友情を育んだ。

当時、白洲次郎は水産会社のブレインとして、欧米を中心に忙しく駆け回ってい

＊吉田茂
第45・48～51代内閣総理大臣。東京帝大卒後、外務省に。駐伊・駐英大使を歴任し外務大臣を経て、1946年、非国会議員で首相になる。サンフランシスコ平和条約、日米安保条約締結などで歴史に残る。

＊＊白洲次郎
実業家、外交官。吉田茂の側近として活躍する。ケンブリッジ大卒、帰国後、日米戦争を予感し隠棲、カントリージェントルマンを自称。吉田茂の懇請でGHQ要人との折衝も流暢《りゅうちょう》な英語で行ったことでも有名。

た。そしてロンドンを訪れると、決まって日本大使館を定宿とした。白洲がもたらすビジネスの現場で仕入れた生きた情報の重要性を、吉田茂の炯眼《けいがん》は見抜いていたのだろう。大使館の地下室でふたりはビリヤードに興じながら、緊迫の度合を増す世界情勢について語り合ったに違いない。そんなある日、吉田は白洲が身に付けているシャツやスーツを指し、どこで仕立てているかと尋ねた。テトリー&バトラー*やヘンリー・プール**、それにターンブル&アッサー***といった名店にふたりの名が刻まれるのは、それからのことだ。

ロンドンでもイタリアでも、顧客名簿には素材の破片が貼られ、どのようなタイプを仕立てたのか細かく記録されている。吉田茂と白洲次郎がロンドンで誂《あつら》えたワードローブには、いくつかの特徴がある。まず、吉田の場合、チョークストライプスのものを含めて圧倒的にネイヴィーのスーツが、それもダブルブレストのものが多い。一方の白洲はもっぱらツイード素材ばかりだ。上質なツイードで、しかも茶系のスリーピースを仕立てていたりする。外交の最前線や中央政界での活動が中心の吉田と、カントリージェントルマンを自認する白洲のそれぞれライフスタイルが偲《しの》ばれて興味深い。

英国を象徴するスーツ素材を、と言われれば、迷わずにネイヴィー地に白のチョークストライプス、どっしりした打ち込みの茶系のツイード——このふたつが挙が

*テトリー&バトラー
第2次世界大戦前のサヴィルロウを代表するテイラー。白洲も愛用。ツイードのように、どっしりとした素材での仕立に定評がある。

**ヘンリー・プール
ナポレオンの軍服を仕立てたことで知られる。ジェームズ・プールが創業。採寸箇所は120もあると言われる。

***ターンブル&アッサー
1885年創業。カラフルなシャツで一世を風靡した。白洲次郎もケンブリッジ留学後、ここの仕立を愛用した。

るだろう。期せずして吉田と白洲が選んだ素材である。チョークストライプスは都会で着るべき柄であり、カントリーにはそぐわない。反対に茶系のツイードはあくまでもカントリーの色であり素材であって、都会に相応《ふさわ》しいとは言えない。カントリージェントルマンなら、ウインザー公が愛したグレナカートチェック柄を白洲も好みそうだと思ったが、顧客名簿にグレナカートチェック柄の生地破片はついぞ現われなかった。あまりに洒落《しゃれ》っ気が強すぎると思ったのだろうか。

戦争末期に白洲が郊外に疎開したことについて、夫人であった正子*は「英国式教養のいたすところ」と指摘した。「地方に住んでいて、中央の政治に目を光らせている。遠くから眺めているために、渦中にある政治家には見えないことがよくわかる」というわけだ。そうした人間がカントリージェントルマンと呼ばれる。英国貴族の多くがロンドンにタウンハウスを所有してはいるものの、地方の領地に宏壮な城を構えている。タウンハウスと地方の城では着るものも異なる。たとえばチョークストライプスは都市を象徴する柄であって、田舎で着られることはない。反対に茶色の服や靴はカントリーサイドのものであって、都市部では身に付けてはならないとされた。そして白洲が好んだツイードはカントリーサイドの代表的な素材だ。

英国貴族のちょっぴり屈折したフェティシズムを示す、格好のエピソードがある。打ち込みのきっちりした上質のツイードは、じつに重くて硬い。ましてや新品の上

＊夫人であった正子
白洲次郎の妻。1910年東京永田町生まれ。樺山伯爵家の次女。能に親しみ14歳で初舞台に立つ。この年アメリカに留学、帰国後19歳で結婚。作家・随筆家としても知られ、1998年88歳で亡くなるまで多くのファンを魅了した。

衣を着るほど野暮なことはない。そこで自分と同じ体型の人間を雇い、仕立上がったばかりのツイードのジャケットを着せる。そして、柔らかくなり着古した感じが出てきた頃、自分が着るのだ。また、スーツを仕立てるとき、同じ素材で同じデザインのものを少なくとも6着は同時に誂《あつら》える。じつは違うスーツを着ているのに、「あいつはいつも同じスーツばかり着ている」と言われることに無上の歓びを感じるのだ。イタリアだと仕立てる段階で柔らかくする。ツイード生地を何度も熱湯や水に潜《くぐ》らせて揉《も》み、柔らかくしてから裁断するのだ。ここにもピカピカの新品は野暮、とりわけツイードは着古したものが味わい深いという感覚が透けて見える。

外交家のスーツが目指すもの

外交の現場で今日、一瞥《いちべつ》してすぐにどこそこのブランドとわかるスーツが氾濫《はんらん》していることは嘆かわしい。ましてや、それがクラシックなスーツではないのは論外だ。吉田や白洲がごくごく当たり前の、どこまでもクラシックなスーツやジャケットを愛用したこととくらべると恥ずかしくさえ感じられる。スーツとは仕立の良さを求めるべきで、けっしてブランドのネームヴァリューに対して金を払うものではない。サヴィルロウでの取材中、老舗のカッター*に「最近のパワースーツ**について

＊カッター
サヴィルロウでは分業化が進み、採寸して生地を裁断するまでをカッター、縫い上げる職人をテイラーという。

＊＊パワースーツ
できる男、勝負する日を演出する力強いスーツを、欧米ではこう呼ぶ。

どう思うか」と訊《き》いた。カッターの返答は、簡潔にして明瞭だった。

「スーツの形はしていても、とてもスーツとは呼べないものもあります。スーツとは本来、着るひと自身を最大限に引き出すべき存在であって、けっしてデザイナーやブランドの我《わ》が儘《まま》ではないはずです。プライベートな場でならまだしも、オフィシャルな場ではやはりビスポーク（注文仕立）されたスーツやジャケットをお召しいただきたい。スーパーブランドのスーツを買えるかたなら、一流テイラーでビスポークする経済的余裕はおありのはずですから」

　終戦直後に撮影された1枚の写真がある。GHQの会合を写したもので、吉田と白洲の姿もある。吉田はほとんど黒に近いチャコールグレイのスリーピースに蝶ネクタイ、スーツのベントは切ってない。白洲はライトグレイのダブルブレスト、小紋柄のネクタイを結んでいる。吉田は白いポケットチーフを丁寧に挿していて、白洲はネクタイに合わせたシルクのポケットチーフを無造作に挿している。吉田も白洲も泰然とし、白洲にいたってはトラウザーズ*のポケットに手を入れさえしている。一方のGHQ側を見ると大量生産された軍服か、あまり仕立がいいとは言えないスーツ姿。これではどちらが統治者なのかわからないほどだ。

　白洲次郎は職業外交官ではない、政治家でもない。しかし、1930年代後半から1950年代まで、つまり第2次世界大戦を挟んでの日本の激動期にあってきわ

＊トラウザーズ
英国語で「ズボン」のこと。米国語では一般にはパンツ。ヨーロッパでも現在のような形になったのは19世紀中期以降。

めて重要な役割を担った人物だった。ケンブリッジ大学クレアカレッジでは西洋中世史や人類学などを学んで学者になるつもりだったが、英字新聞のジャーナリストや商社の取締役として活動し、やがて吉田茂との縁によって近衛文麿*内閣の政策ブレインとなった。仕事の一線から退き、カントリージェントルマンとして隠棲《いんせい》するようになったのは1940年、38歳のときだ。

1951年、吉田茂に伴われてサンフランシスコ講和条約調印式に向かう機中で、白洲次郎はTシャツにジーンズ姿だったという。このとき白洲は、全権委員顧問の肩書で列席している。後に吉田は白洲を駐米大使として遇《ぐう》そうとしたらしいが、アメリカ側が「彼だけは困る」と難色を示したというまことしやかな伝説もある。1950年3月に、白洲は池田勇人（当時大蔵大臣）や宮澤喜一（大蔵省秘書官）と渡米しているが、彼のアメリカ滞在中の行動はアメリカ政府でさえ把握し得なかった。ケンブリッジ時代に築いた人脈をフル稼動させて、白洲は講和条約に向けたアメリカの動向を探っていたのだが、その動きをアメリカが察知できた形跡がない。まったくの隠密行動であった。

白洲がカントリージェントルマンたらんとしたのと対照的に、吉田茂はむしろ漢学・漢籍への素養を糧《かて》とした古き佳《よ》きタイプの知識人であった。英語も吉田は下手であった。文法も発音も滅茶苦茶に近いのに、不思議と相手の心に届く、そんな英

＊近衛文麿
第34、38、39代内閣総理大臣。華族で五摂家筆頭、近衛家の当主。第1次近衛内閣は1937年。第2次世界大戦を前に、独裁政党の結成、対米強硬を目指す。戦後は敗戦の責任問題の追及が激しく、A級戦犯として軍事裁判で裁かれる事を知り服毒自殺。細川護熙第79代総理大臣は孫に当たる。

語を吉田は喋《しゃべ》った。白洲も吉田もエリートコースを順調に歩んだわけではない。むしろ青年期までに紆余曲折《うよきょくせつ》を体験している。エリートという意味では、吉田と同期で外交官試験を通過した広田弘毅のほうがよほどエリートであった。吉田は11歳のときに養父を亡くし、現在の貨幣価値に換算して数十億円ともされる遺産を相続する。ところが吉田が死亡したとき、莫大な遺産はすっかり消えていた。政治活動を自腹で行い、それと衣裳とワインと葉巻に費やされたのだ。

白洲が生涯、風の男として駆け抜けたのに対し、吉田はどこまでも静かな山のようであった。吉田がチョークストライプスのスーツを愛用し、白洲がツイードで仕立てたスーツを愛したことは、ふたりの人生に重なっていく。激動の時代に吉田茂と白洲次郎という巨人がいたことをわたしたちは誇りに思い、またふたりのワードローブからも何ごとかを学べるはずだ。吉田は１９６７年、白洲は１９８５年にそれぞれ人生を閉じた。

14

政治力学を映す服
米大統領選の服飾における解読から

共和党ブッシュと民主党ケリーで争われた2004年11月の米大統領選は、ブッシュが大接戦を制した。政策、実績、人柄、話術、ネット戦略、広報戦略……勝敗を左右した要因はいくつも挙げられよう。しかし、忘れてならないのは、ふたりのファッションセンスの差に負うところも大きかった、という点だ。ジョン・F・ケリー候補の敗因のひとつは、政策に明確さを欠いたことであるとされる。それと同様に、ファッションにも戦略を持ち合わせていなかった。1992年に政権を奪還して現在も絶大な人気を誇るビル・クリントン元大統領と比較すると、ケリーの服装術は大きく見劣りする。

クリントンは選挙戦中から、その後のアメリカン・バブルを予告するかのように、イタリア製のソフトな仕立のスーツを愛用した。2つボタンでしかもボタン位置がやや低めに設定されているために、必然的にVゾーンが広くなる。それはともすればだらしない印象をあたえるところだが、彼は女性有権者へのアピールに巧みに利用した。母性本能をくすぐったのである。パートナーを組むアル・ゴア元副大統領がかっちりした仕立のアメリカン・トラディショナル*のスーツに身を包んだ姿と、じつに鮮やかなコントラストを描いた。クリントン―ゴアが掲げたキーワードは「チェンジ」と単純明快なものであり、しかもファッションで体現したところにクリントンの非凡があった。旧体制に果敢に切り込み変革をもたらすクリントンと、それを冷静に見守る副官ゴアという図式は、彼らの装いに顕現していた。

ブッシュとの闘いに敗れたケリー上院議員の場合、たとえばシャツのカフス（袖口）を見るとボタンが2つ、ときに3つ並んでいることがある。2つはまだしも、3つとなるとケリーの立ち位置をかえって曖昧《あいまい》にしてしまう。正統派のスタイルなら、あくまでも1つボタンである。2つはスポーティーな場合だ。3つとなると完全にリゾートウェアや遊び着などの範疇《はんちゅう》で、シャツのスタンダードを外れる。それをケリーはオーソドックスなスーツに合わせてしまった。これではクラシック（伝統）を守ろうとしているのか、トレンド（時流）を追おうとしているのかぼや

*アメリカントラディショナルのスーツ　シングルブレストの2つボタン、シングルベント。肩に沿ったシェイプのシルエット、やや絞ったウエスト…。アメリカンスタイルのスーツである。

けてしまう。長身であることから、そうしたカフスを選んだのだろうが、どう見ても失敗だった。前の大統領戦の勝者、クリントンはカフスが二重に折り畳まれたタイプ（ダブルカフス）を愛用していた。ネクタイの結び方ひとつをとっても、クリントンがノット*のすぐ下に美しいディンプル**をつくったのに対し、ケリーはいつものっぺりした表情だった。ディンプルをつくればそれでいいというものではなく、英国随一の洒落者・ウインザー公のようにあえてディンプルをつくらない締め方を貫いた者もいる。だが、ケリーはウインザー公ではなく、単に無頓着なだけだった。

*ノット
ネクタイの結び目。

**ディンプル
ネクタイの結び目のすぐ下にできるえくぼ状のくぼみ。

ビジュアルコミュニケーションの重要性

では、ケリーと大統領選を闘ったジョージ・W・ブッシュはどうだったろうか。ブッシュ大統領が格別なウエルドレッサーというわけではない、むしろ着こなしに見るべきものはない。それでもケリーと対峙《たいじ》するとき、ブッシュの装いは「安定」を浮かび上がらせた。それが選挙にプラスに作用したのは間違いない。ニューヨークの老舗《しにせ》仕立屋で誂《あつら》えたネイヴィーかチャコールグレイのスーツは、シングルブレストの2つボタンでセンターベント。無地か、遠目には無地に見えるようなヘリンボーン（杉綾織）やチェック柄ばかり。スーツに合わせるシャツはつねに白でダブルカフス……がブッシュの定番と化している。ただし選挙戦中、上衣を脱ぎネクタイを外すような場合は、白いシャツではなく必ず青いシャツに着替えた。青いシャツはスーツに合わせるべきではないという、米国流＊のドレスコードがしっかりと守られていた。ここに、服装に意識の薄いケリーとの決定的な違いが見て取れる。

選挙期間中のブッシュは、赤系のネクタイをあえて避け、ブルー系のネクタイを多用した。赤が強さを表わすのに対して、ブルーは沈着さや思慮深さを示したいときに登場する。ニューヨークとワシントンを未曾有《みぞう》のテロが襲った「9・11」以前、ブッシュは赤いネクタイばかり締めていた。ところが同時多発テロ以降、赤系のネクタイの頻度は極端に減った。代わって黄色系とブルー系のネクタイがブッシュのＶゾーンに現われた。ＴＶ画面からどのようなメッセージを伝えようとするのか、そのこととネクタイの選択が重ねられるようになった。ネクタイの締め方が下手なブッシュが、自ら状況を考えてネクタイを選んでいるとは考えにくい。周囲を固めるスタッフが社会的記号としてのネクタイの意味性、ビジュアルコミュニケーションの重要性を認識し、締めるべきネクタイを提示しているのだろう。そうでなければ、「アメリカの正義」を語るときにかぎって、赤系のネクタイが選ばれることはない。

青いシャツをスーツに合わせるのを好む政治リーダーに、トニー・ブレア英首相がいる。英国の金融街では、白いシャツはルーキーが着るべきものであって、経験

＊米国流のドレスコード　ルーキーが白いシャツ、経験をつんで地位が上がれば青いシャツ。これが英国流。一方、アメリカでは青シャツはスーツに合わせるのには相応しくない、とされる。

を積み地位が上がるにつれて、色のあるシャツになっていく。ブレアも普段は――たとえ国会に出席するときでも、青いシャツを着ることが多い。「欧米」あるいは「英米」と一括《ひとくく》りにされることが多いが、米国と英国ではドレスコードが異なる。ブレアは英国のルールに則《のっと》って服装を考えていることがうかがえる。ところが２００４年11月の外交の場で、ブレアは白いシャツを選択した。ワシントンを訪問した11月12日、ブッシュと並んだブレアは白いシャツに赤系のネクタイという姿だった。なぜ、ブレアは英国のドレスコードを外したのか。その謎は、ブレアを迎えたブッシュのコーディネイトを見れば解ける。ブッシュも、白いシャツに最近は頻度の減った赤系のネクタイを締めて臨んだ。両首脳の装いは、アメリカのイラク政策をめぐって分裂した世界のなかで、両国が堅い絆で結ばれていることをなんとか示そうというものだった。

その６日後、今度はロンドンにフランスのジャック・シラク大統領を迎えたとき、ブレアはシラクに敬意を表し、やはり白いシャツに赤系のネクタイを合わせた。フランスとの敵対関係に終止符を打ちたい、ヨーロッパの一員としての英国という立場に戻りたい、そんなブレアの判断が透けて見えてきそうだ。

シラクもどうやらそれに応《こた》えたようだ。ロンドンで「ヨーロッパの協調」を強調したシラクは、ネイヴィーのスーツ、白いダブルカフスのシャツ、それに紺地に白く細いブリティッシュストライプスのネクタイという姿だった。シラクが白いシャツ、それもダブルカフスのタイプを着ることはきわめて稀《まれ》だ。自国のエヴィアンでサミット（先進国首脳会議）を主催したときでさえ、他の首脳たちがこぞって白のダブルカフスを着たのを横目に、シラクはチェック柄のシャツを着ていたほどだ。にもかかわらずフォーマル度が高いとされる白のダブルカフスのシャツを着たのは、それだけこのロンドン訪問を重要視したことの表明だろう。ブレアもシラクも、装いに政治的メッセージを託す達人である。

１９７５年11月にパリ郊外のランブイエ城で開かれた第１回サミットの写真を見ていて、面白いことに気がついた。集った６人の首脳のうち、ストライプスのネクタイを締めていたのは２人――アメリカのジェラルド・フォード大統領とドイツのカール・シュミット大統領（どちらも当時）で、フォードがアメリカンストライプス、シュミットがブリティッシュストライプスだった。しかもふたりは揃って３ピースに身を包んでいた。ネクタイ以上に注目されるのが、主催者であるフランスのヴァレリー・ジスカールデスタン大統領（当時）がブラウンの混じったスーツに茶色の靴を合わせていたことだ。英国的ドレスコードに倣《なら》うなら、茶色はカントリーサイドの色であり、フォーマルな度合の高い席に着てはならない。同様に茶色の靴もカントリーシューズとされ、国際会議で政治リーダーが履くことはない。ましてや経済をめぐって米仏が鋭く対立し、そこからサミットが開催されたのにジスカールデスタンはネクタイも含めて茶色でコーディネイトしたのだ。それはお揃《いと》いのファッションにするほど協調していたアメリカ―ドイツに対して、孤立をも厭わない姿勢の意思表示であると同時に、サミットの主催者であることを明確にするための選択だったと考えられる。

ただ、歴史を振り返れば、日本の指導者にもウエルドレッサーがいなかったわけではない。たとえば田中角栄*は仕立のいいスーツに身を包んでいた。ネクタイの趣味は褒《ほ》められたものではないが、スーツのフィッティングは素晴らしい。田中の忠実な番頭役を担った二階堂進**もタイトフィッティングのスーツを好んだ政治家だった。野暮なリーダーでは、田中派があれほど鉄の結束を誇ることはなかっただろう。それに引き換え、旧田中派の破壊を企図した小泉純一郎は、サイズも合わず、バランスもどこかあか抜《ぬ》けないスーツで官邸に現われる。冬でもライトグレイのスーツを着る機会が多いのは、同系色にすれば白髪が増えた頭が目立たなくなると考えたからかもしれない。しかし、ダークスーツが常識の国際会議にライトグレイで参席しては、首脳としての品格を疑われかねない。

ドレスコードに無神経で、装いに無頓着な人間に政治を任せるのはどこか危険なことではあるまいか。

＊田中角栄
第64、65代内閣総理大臣。76年のロッキード事件で受託収賄罪で起訴され有罪判決を受けた。日中国交回復、道路、空港など社会基盤の整備、などに尽力。一大派閥田中派として、辞任後も政界に大きく影響を及ぼした。

＊＊二階堂進
田中内閣時の官房長官を務めた。角栄心酔派の筆頭ともいうべき政治家。「わたしの趣味は角栄」と言うほどであった。

Column

ビスポークの悦び

ローマのとある仕立屋を訪ねたとき、イタリアを代表するニュースキャスターが気持ち良さそうに仮縫いしているところに出会《でくわ》した。「いま仕立てているスーツは、ＴＶに出るとき用ですか、それともプライヴェート用ですか」と訊くと、彼は訝《いぶか》しそうに顔を顰《しか》め、よくとおる声で訊《き》き返してきた。「何を言っているのか、質問の真意がわからないのだが」

日本ではニュースキャスターは、高名になればなるほど、毎日異なる衣裳を着ること。しかもスタイリストが、そのための服をブランドから借り出していること。スタイリストは女性が多いこと……などを話すと、彼は破顔して一言を放った。「これはわたしの服、ただそれだけだよ」と。

「ＴＶでニュースを伝えているときのわたしと、普段のわたしが違っていたらおかしいじゃないか。男の服というのは、どうしたって同じような色と柄ばかりになる。それが当たり前だ。わたしのワードローブも、似たような服ばかりだよ。同じ服を着ることをなぜ恐れるのか。それを気にするより、自分自身であることを大事にすべきだと思うが」

スーツとは最も優れた自己表現の道具であると捉えると、スーツを着ることが愉しくなる。そしてビスポークとは悦びであることを、ローマの体験は教えてくれた。

第２章
スーツは自己表現

注文仕立でも既製服でも、スーツ購入時に
留意したいポイントは何なのか。
わかっていると、よりスーツを愉しめる。

01

スーツに何を求めるか

ナポリの仕立屋を訪ねて初めてのビスポークを頼んだとき、いつしかインタヴューを受けていた。仕事は何をしているのか、ワードローブの構成はどうなっているのか……といったことからはじまって、好きな料理や画家にいたるまで、それこそあらゆることを訊《き》かれた。詰問というわけではなく、美味しいエスプレッソをご馳走《ちそう》になりながら、他愛もないお喋《しゃべ》りをしているうちに、いつの間にかこちらについてのプロファイリングが進んでいるという具合だ。どうしてこんなにも訊くのかと問うと、仕立職人は「そのひとを知らなければ、とても服を仕立てることはできない。なぜなら、スーツとはそのひと自身であるからだ」と、事も無げに答えた。

服や靴をオーダーすることを、英国では「ビスポーク」と言う。「be spoke」――文字通り、職人とあれこれ話しながらの共同作業なのだ。英国だけでなくイタリアでも同じで、仕立屋は男たちにとって一種のサロンのような機能も果たす。ビスポークを愉《たの》しむということは、職人とのお喋りを愉しむことでもある。なかには無口な職人もいるが、たいていはお喋りがとても上手だ。スーツは、男の人生にとってかなりの部分を寄り添うパートナーのようなアイテムであり、だからこそおろそかにしてはならないはずだ。

仕立屋にはどこも素晴らしい生地ストックがあり、それを日の当たりにしただけで目眩《めまい》がするほどで、自分がどのような服を欲しいのかかえって混乱してしまう。一杯のエスプレッソとお喋りは、気持ちを鎮め整理する効果もある。春に着たいのか、ビジネス用なのか、それとも旅先で着る服なのか……話しているうちに自然とイメージが固まる。すると、不思議なことに膨大な生地ストックのなかから、語りかけてくる声があることに気づく。おそらく職人も、「それならこの生地はどうだ」と最適のものを選び出してくるだろう。色、柄、質感、重さ、生地をめぐる要素から、さらにイメージが定着する。

オーダーばかりでなく、既製服のなかから1着を選ぶときも、同じことが言えるだろう。そのスーツを着たとき、自分自身であるかどうか。鏡の向こうで主張しているのは服なのか、それとも自分なのか。自明の理でありながら、意外にも難しい。フィッティング（着心地）が大切なのはもちろんだが、そのスーツを着た自分がさまざまなシーンにいることを思い浮かべ、しっくりと溶け込んでいるかどうかが肝要だ。自分自身であるためのスーツを選びたいし、仕立てたい。

スーツに求めるものは、けっして華美や過飾ではない。

Step 01

「着用シーン」を考える

仕立屋ではもちろんだが、既製服を購入する場合でも、大いに店の人と会話をしてもらいたい。ビジネス用であれば、たとえば、商談などの勝負服なのか、得意先回りの服なのか、など。話すうちに何らかの助言が得られるはずだ。以下は、わたしがある雑誌で、想定したシーン別に自前服でコーディネイトしたものをイラスト化したものである。

Monday
大切な商談の日

● ルール 1

ストライプスや無地のスーツを…ストライプスや無地は都会で着るべき柄とされる。チェック柄はカントリーサイドの柄とされているので、この場面では御法度。

● ルール 2

Vゾーンはシャープな印象に…白のシャツ＋小紋柄のタイは最もクラシカルなコンビネーションでこの場面に相応《ふさわ》しい。Vゾーンが狭いとシャープな印象になり「できる男」演出が可能に。

Tuesday
営業で得意先へ

● ルール 3

相手に不快感を与えない…夏は暑そうに見えず、冬はもっさりとして見えないのが基本。色と素材を厳選すること。薄茶色のスーツにオリーブ色のネクタイなどは暑い日にはおすすめ。冬場なら起毛素材より生地厚のウールなど。茶色のスーツはビジネスシーンではNGと言われるが、きちんとタイドアップすれば大丈夫。

Friday
夜はパーティー

● ルール 6

改まった場面ならクラシックテイストに…日中は無地、夜は小紋柄のネクタイにチェンジ（夜用は鞄に入れて出社）。ストライプスのネクタイは改まった席では避けたほうが無難である（英国では所属軍隊を表わすため）。シャツも控えめなストライプスなら、ネクタイの無地・小紋柄を問わずフィットするはず。

Thursday
カジュアルデー

● ルール 5

カジュアルこそ上品を心がける…素材の異なるジャケット＋パンツなら上品な印象に。チェックのシャツもカジュアルなら許容範囲（重要な会議などには、チェックはNG）。ネクタイの柄に遊び心を入れたり、靴もスエードにしたりして、紺ブレ＋グレイパンツ、のカジュアル加減から、一歩抜け出したいものである。

Wednesday
社内で重要な会議

● ルール 4

穏やかな印象を醸《かも》し出す…色みを抑えることでソフトな印象を演出できる。この際、小物で自己主張するのが上級技。ダブルブレストはエクゼクティブが着るものという先入観があるが、本来スポーティーな、Pコート由来と考えれば、臆することはない。

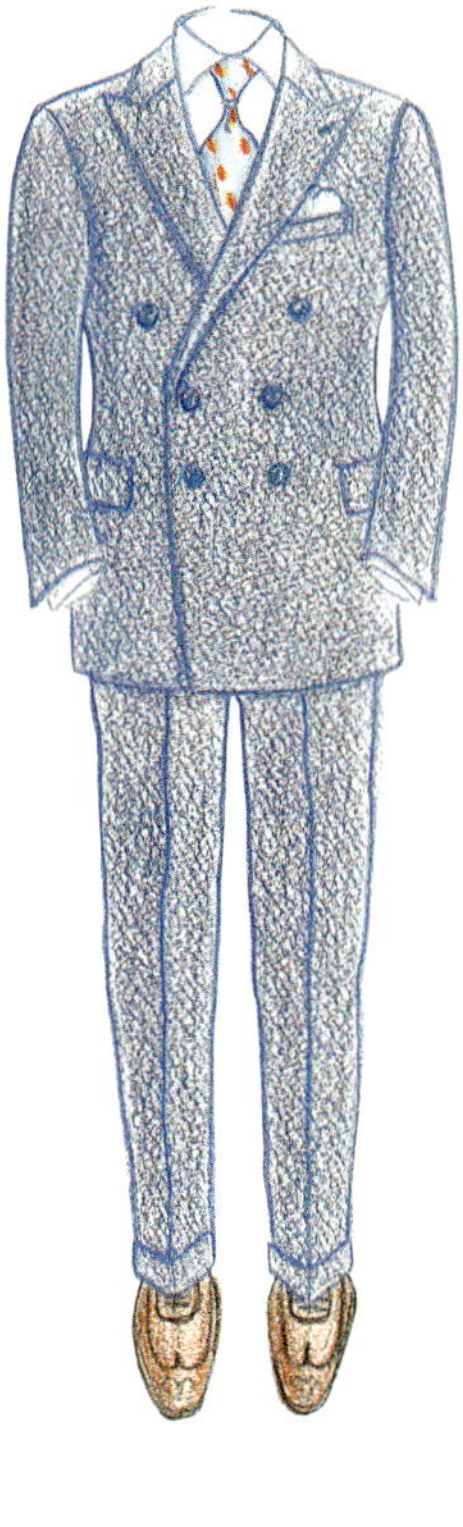

02

スタイルの選択

仕立屋もブランドも、それぞれ独自のスタイルを持っている。ダブルブレストに腕の冴《さ》えを見せる職人もいるし、ハンティングジャケットのようなスポーティーなものが得意だという仕立屋もある。スタイルを選ぶということは、つまり仕立屋やブランドを選ぶということになる。イタリアは都市ごとにカッティングが異なるほど、自分たちの匂いを大事にする文化を守っている。フィレンツェの粋がいいのか、ナポリの伊達《だて》を愉しみたいのか、ローマのクラシックを着たいのか、そんな選択もある。

レストランに入って、ワイン選びに自信がないとき、ハウスワインを試すことが多い。ハズレを避けようと思うなら、それは懸命な選択だ。初めての仕立屋の場合、わたしはそこのハウススタイルをまずは味わうことにしている。オーナーである職人が着ているスーツが素敵ならば、迷わず「同じものを仕立ててくれ」と言う。最も得意とする服、自信のある服を着ているはずだからだ。そのハウススタイルを好きかどうか、これが基準だ。職人はこちらに合うように、アレンジしてくれる。

不埒《ふらち》なオーダーをすることは、職人を混乱させるばかりでなく、惨憺《さんたん》たる結果を招きかねない。職人に対しても失礼だ。乱暴な言い方だが、いくら高名な仕立屋であろうと、そのスタイルを好きになれないなら、無理をして誂《あつら》えることはしないほうがいい。いつかそのスタイルと自分の気持ちが響き合ったときに、そのときに味わえばいい。

既製服のブランドやファクトリーでも、得意、不得意がある。ただし日本の場合、買い付ける側があれこれ注文をつけ、ブランドなりファクトリーなりの匂いを消してしまう愚を冒しがちだ。数寄屋《すきや》づくりを得意とする大工に、パンテオンやヴェルサイユを求めても無理な話だ。そうではなく、ブランドやファクトリーの匂いが濃密で、それを好ましく感じるかどうかで選ぶべきである。

そんなふうにしてさまざまな服に袖を通しているうちに、自然と自分の好きなスタイルというものが絞られてくる。あるいは、オケージョン（場面）に合わせたスタイルが決まってくる、と言い換えてもいいだろう。パーティーに出かけるなら、この仕立屋。大事な商談やプレゼンテーションのときは、このブランド。飛行機に乗る時間が多い旅行は、この服。それに、シャツやネクタイや靴との調和も、少しずつ整っていくはずだ。「文はひとなり」と言うが、「スタイルもまたひとなり」だ。

Step 02

「自分のスタイル」を確認する

鏡で全身を映してみる。肝心なのは、パッと見て自分の体型にイメージとして合うスタイルか、好きかどうか（上半身）。Vゾーンが大きいとどう見え、ウエスト部分が絞られているか違和感があるかないか…。見極めておいて損はない。後ろ姿も記憶にとどめておきたいところだ。

Front Style
フロントスタイル

ブリティッシュスタイル

肩パッドが少し入り、ややいかり肩風に見える。ウエストしぼりがある。3つボタンが多く、中1つ掛けが基本。

アメリカンスタイル

肩パッドはなく肩はあくまでナチュラル。ウエストも自然なしぼり加減。2つボタンが多い。上1つ掛けが基本。

イタリアンスタイル

やや角張った肩、ウエストはボックス型（最近はしぼったものが増加。ダブルブレストの場合は6つボタンが多い）。

● ルール 7

どのシルエットが好みで、似合うのかチェック…

大まかに言うと上記のような3つのスタイルがある。肩やウエストまわりに違いがあるのだが、特徴をつかんで試着してみる価値はある。

Back Style
バックスタイル

ノーベント

後ろにスリットが入っていないもの。フォーマルウエアに多い。上手な仕立だと座った際も、窮屈な感じはない。

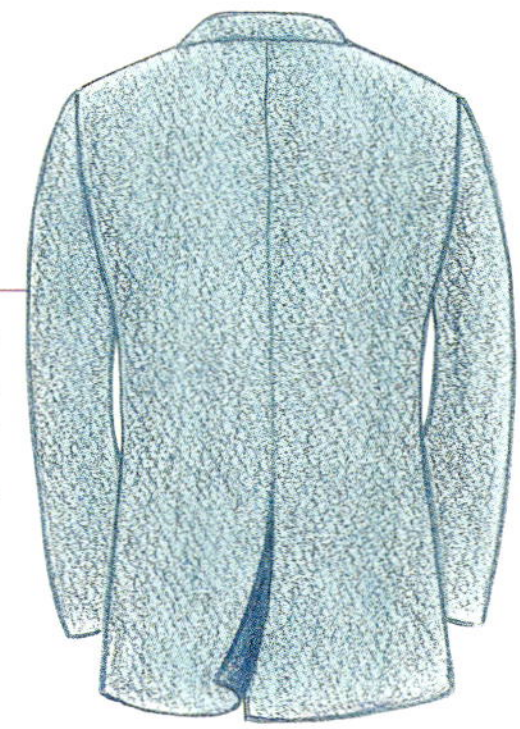

シングルベント

センターに1本、深めのスリットが入っている。アメリカンスタイルに多い（アイヴィーだとフックベント）。

サイドベンツ

両端にスリットが入っている。ブリティッシュスタイルやイタリアンスタイルに多い。座った際の後姿がきれい。

● ルール 8

ビジネス仕様ならベントありを選択…

座ったり立ったりが多いので、基本的にはシングルベントかサイドベンツが入ったものが基本。腰まわりが張っているなら、ベントがあったほうが見た目印象もすっきり。

03 季節と素材

麻製のスーツを、わたしは10月末くらいまで着る。どっしりした打ち込みの麻である場合、むしろ盛夏に着るのは重過ぎる。同じ麻でも、盛夏に着るための上布《じょうふ》のように軽いものと、晩夏から秋にかけて着るものの2種類がある。麻は人類が革に次いで手にした素材で、古代エジプトでも愛用されていた。きわめて馴染《なじ》みの深い素材だ。「良質な麻といえばアイリッシュ」と言われるものの、アイルランドでは最終加工が行われるのみで、最近では「ベルギー産が最良」と言われるようになった。

盛夏に相応《ふさわ》しい素材はむしろ絹、シルクシャンタンだろう。風通しもよく、汗をかいても皺《しわ》が残り難い。しかも軽い。湿気の多い日本の夏に着るならば、シルクシャンタンほど適した素材はない。ただし、麻やシルクは、仕立職人泣かせの素材でもある。ウールのように柔軟性に富んだ素材ならば、アイロンの操作で成形することが可能だが、麻やシルクはなかなか自由にならない。それだけにカッティングと縫製に高度な技術が求められることとなる。

紀元前2000年には中央アジアでカ

ルディア人たちが羊の放牧を行い、すでに原始的なウールを手に入れていた。通気性と保温性の両方に優れ、仕立てるうえでコントロールもしやすいウールは、長く人類に寄り添う素材となった。12世紀にスペイン帝国の治世下でメリノウールが誕生し、18世紀の産業革命を経て近代羊毛工業が確立すると、ウールは最も親しみ深い素材となっていった。遊牧の民たちが砂漠でウールの衣装をまとっていることからもわかるように、羊毛の適用範囲はじつに広い。高温多湿を快適に過ごすための素材開発も進んだ。

最近では「スーパー180」や「スーパー200」などのように、いかに繊細なウールを生産するかが競われているが、これには首を傾《かし》げたくなる。過剰なまでに繊細なウールは湿気に弱く、たとえば営業で歩き回るようなひとが着るのに相応しいとは思えない。むしろスーパー80からスーパー100といった生地のほうが、日本の気候には適している。スーパー80のヴィンテージ生地などは、じつに豊かな風合いを醸《かも》している。

春はウールモヘアやリキッドやコットン、夏はシルクシャンタン、初秋は麻、晩秋はカシミア混のウール、そして冬はツイードやフランネル……といった素材で仕立てられた服が、ワードローブに収まることになる。素材と季節は密接な関係にあり、素材で季節を知ることにもなる。

Step 03
「素材の季節感」を習得する

ネイヴィーやチャコールグレイ、
ブラウン…と、季節が変わっても、
基本となる色みは、ほぼ同じなのが
ビジネスウェア。
しかし、色みはほぼ同じでも、
素材の違いで季節感を醸《かも》し出すことは可能。
いや、素材を変えることで、
ぜひジャケットで季節を演出してほしい。
「できる男」と思わせる
テクニックでもある。

Summer
きりりとした上質な光沢が感じられるシルクシャンタンは、夏にぜひ取り入れたい素材。

Spring
コットンのほか、ウールモヘア混で空気を含む織りのフレスカと言う素材がおすすめ。

● ルール 9

春夏は軽やかさを出す素材を知って選ぶ…

重く見えがちなダークな色のビジネスウェア。一般にはサマーウールが多いが、ぜひこのワンパターンから脱却したい。実際涼しく、軽快な印象も与える素材に挑戦を。

Autumn

打ち込みのしっかりした厚手の麻。ウールでは暑いという季節の変わり目にこそ挑戦を。

Winter

ツイードやフランネルを。ただ生地に膨らみがありすぎるともっさりした感じに。要注意。

● ルール 10

秋冬は暖かさ＋すっきり感がある素材を…

ウール一辺倒の季節だからこそ、素材に変化をつければ、他から一歩抜き出る男に。織りの違いで、麻でも暖かさを、ツイードでもすっきり感を出すことができる。

04

色と柄

ある英国貴族の遺品整理に立ち会ったとき、そのワードローブにストライプスのスーツが見当たらないことが気になった。故人はストライプスが嫌いだったのだろうか。遺族に訊《き》くと、「そうではない。わたしたちは貴族で田舎に住んでいる。だからだ。ストライプスは都会を象徴する柄、とりわけチョークストライプスは金融マンが好む柄だから」という答えが返った。なるほど、ワードローブのなかには、柄のあるスーツはグレナカートチェック、ジャケットはハウンドトゥース（千鳥格子のこと）かガンクラブ、あとは無地ばかりだった。

15世紀から16世紀、世界に覇を誇ったスペインで、黒が最高の色として君臨した。やがて19世紀の英国で、黒が男の着るべき服の色として復活する。フォーマルウェアが黒であるのは、そうした歴史を背負っているからだ。ネイヴィーやチャコールグレイといった色が男のワードローブに入り込むようになったのは、20世紀になってからのことだ。産業革命は紡績だけでなく、化学染料の開発も促した。都市の発展とそうした技術の進化が重なったところで、ネイヴィーやチャコールグレイが誕生したのではあるまいか。

黒が宮廷の色であるのに対して、ネイヴィーやチャコールグレイは都市における洗練された色に分類できる。伝統的なハリスツイードなどは、天然の苔《こけ》などを染料として利用するために味わい深いが洗練からは遠退《とおの》く。また、メリノ種の改良が進むまでのウールは黒っぽい原毛が多かったことも影響しているだろう。ジンの香り付けに使われるヒノキ科のジュニパーは、実で染めると紫系になり、木片で染めると深みのあるグレイとなる。また、媒染によって色は大きく変化する。

ネイヴィーやチャコールグレイが都会の色であるのと対照的に、ブラウン系はカントリーサイドの色とされる。英国では、都会のビジネスマンが茶系のスーツを着ることはない。田舎のレジャーであるハンティングを見ると、厳格に色が規定されていて興味深い。春から夏にかけてはグリーンを着ること、秋から冬にかけては茶系を着ること……がそうだ。ちなみに紺ブレ、ネイヴィーのブレザージャケットなどと言うが、これはじつに奇妙な言葉だ。なぜなら、ブレザーとはブレイズ＝深紅のことだからだ。

靴も都会では黒を、カントリーサイドでは茶を、そんなふうに英国では決められてきた。したがってネイヴィー地に白のチョークストライプスのスーツを着て、茶色の靴を履くことはドレスコードを知らないと看做《みな》されることとなる。

Step 04

「着る場所での色柄」を心得る

勝負の日のスーツは都会仕様と心得たい。逆に、終日、接客のないデスクワークの日や、たとえば、地方での視察日などのスーツなら、オフシーン仕様で。以下は、イギリスジェントルマンの都会・田舎（カントリーサイド）でのドレスコード。応用してみてほしい。とくに外国人とのビジネスの日は、心に留めて。

Town
都会（ビジネスシーン）

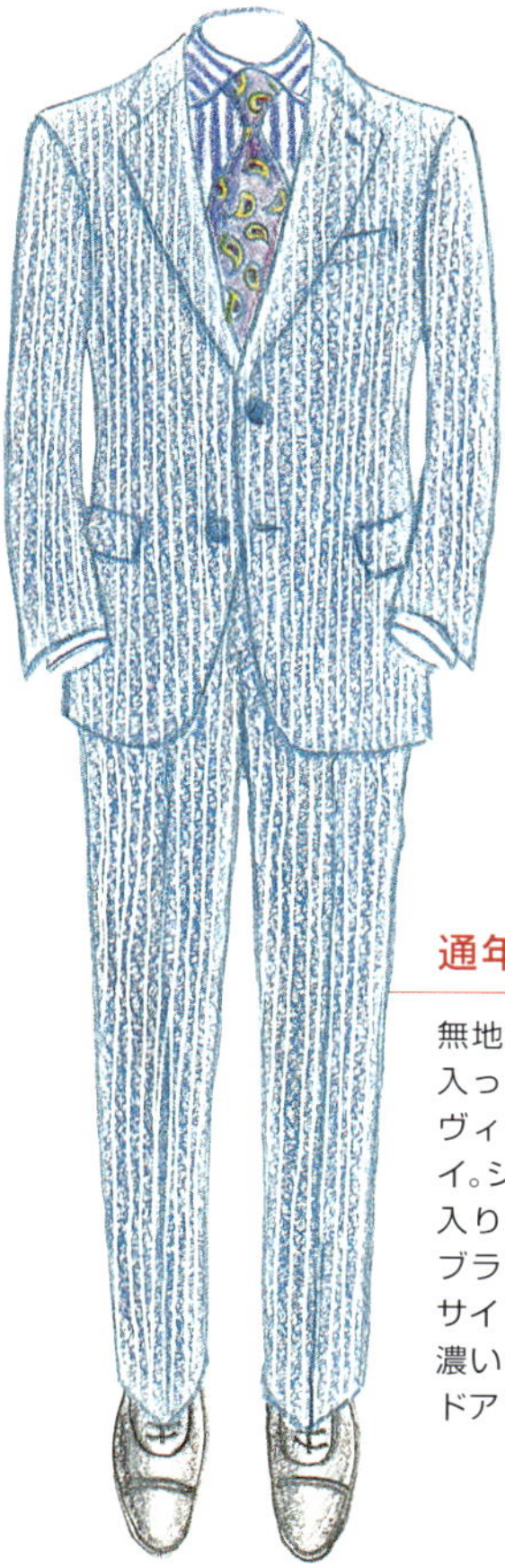

通年

無地でもストライプスが入っていても、色はネイヴィーかチャコールグレイ。シャツもストライプス入りでOK。どうしてもブラウン系（カントリーサイド仕様）と言うなら、濃い色味できちんとタイドアップする必要あり。

● ルール 11

基本はネイヴィーかチャコールグレイ…

存在感のある色みや柄を選ぶ。勝負の日、であれば、明るい紺色やライトグレイはこの場合、避けたほうが無難。ストライプスも都会仕様と認識したい。

Country
田舎（オフ シーン）

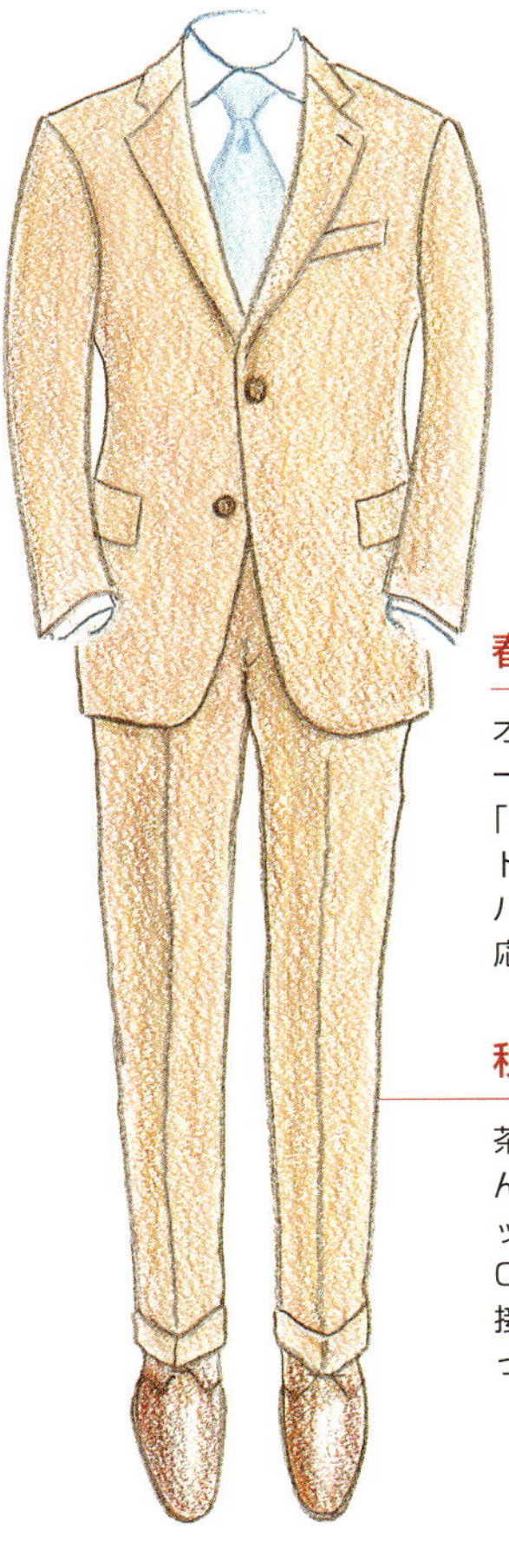

春夏

オリーブ、ハンターグリーンなどのグリーン系。「オフ」度が高いならコットンや麻のジャケット＋パンツ、でも。休日にも応用できる。

秋冬

茶系でまとめる。もちろん靴も茶色で。タイドアップすればオフィスでもOKだが、重要な商談や接客などがない日にかぎったほうが無難。

● ルール 12

自然に馴染みのある色が好まれる…

ブラウン系やグリーン系など、ナチュラルカラーが基本色。

逆に都会仕様の日にこの色は避けたいもの。タイドアップすれば、勝負日以外のオフィスでも可能ではある。

05

フィッティング

　ビスポークでも既製服を選ぶときでも、フィッティングを大事にしたい。フィッティングには大きく2つあって、ひとつはサイズが合っているかどうか、もうひとつは着心地が好《よ》いかどうかだ。

　わたしは肩幅が狭く、腕が短い。しかも極端な前肩で、右の肩がより前に出ている。胸囲はあるが、腰や尻はそれほどでもない。また、かなり強烈なX脚で、脹脛《ふくらはぎ》が異様に発達している。したがって既製服で合うものを探すのは、きわめて困難な作業だ。既製服で肩を詰めるのは難しい。袖丈を詰めると、袖のカーブが台無しになる。胸囲に合わせるとウェストがぶかぶかになり、ウェストに合わせれば胸が窮屈だ。発達した脹脛のせいで、パンツはいつも裾《すそ》が妙な具合にずり上がってしまう。

　服の完成度を求めるならば、むしろ既製服に軍配が上がる。企業努力によって、廉価なスーツも登場している。ぴったり合う既製服があれば、それにこしたことはない。わたしの場合、スーツを愉しもうと思ったらビスポークするしかなかったというのが実情だ。ましてや仕立職人泣かせの体型である。職人がこちらの体型や癖を把握するまで、何度も仮縫いを繰り返すことになる。もっとも、それだけに仕立て上がったスーツのフィッティングは素晴らしいのだが。

日本の政治家や財界人を見ていると、明らかにオーバーサイズのスーツを着ている姿が多い。よく疲れないものだと感心してしまう。体に合ってない、大きい服を着ていると疲れるものなのだが。それともキモノに馴染《なじ》んできた遺伝子が、オーバーサイズを求めるのだろうか。いやいや、キモノであってもフィッティングという点では、オーバーサイズは着づらいはずだ。わたし自身はタイトなフィッティングが好きなために、よけいにそう感じるのかもしれない。

「ぴったりしているのに窮屈に感じない。むしろ上衣を着たままベッドに倒れこみ、眠ってしまうようなフィッティングが理想だ」と言った仕立屋もいる。

もうひとつ、既製服を選ぶとき、あるいはビスポークの仮縫いのとき、鏡の前では「気をつけ」の姿勢をしないことだ。椅子やソファに腰を下ろしてみたり、店内を歩いてみたり、電車の吊《つ》り革を持つように腕を上げてみたり、あるいはクルマのステアリングを握るように腕を動かしてみたり……日常のなかにあるさまざまな動作をしてみることだ。そうしてはじめて、自分に合っているかどうか、文字どおりフィッティングがはっきりしてくるだろう。

Step 05

「着丈・袖丈・裾丈」を知る

スーツの着心地の良さは、袖や上衣・パンツの裾の「正しい丈」に通ずると思われる。このグッドバランスは、見た目の美しさにも反映されるから、正しい長さを確実に覚えたいものだ。デザインによって、またトレンドによって、変化することもあるが、以下がスタンダードと心得ていただきたい。

Sleeve Length
袖丈

手首から手の甲にギリギリ触れる程度までが上着の袖丈。シャツは袖口から約１cm出るのが目安。

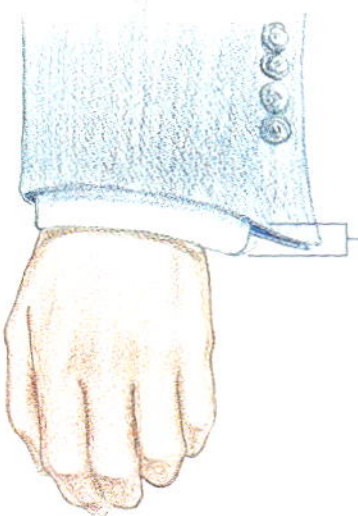

Bottom Length
裾丈

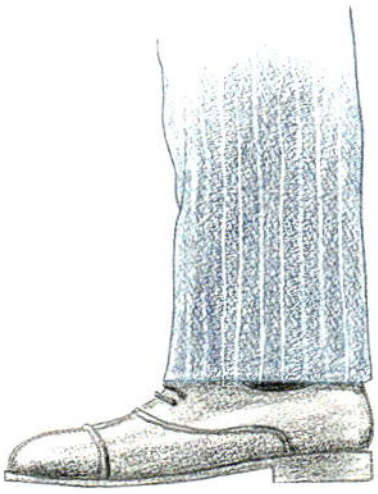

シングル ハーフクッション

パンツの裾がシングルの際は靴の甲に触れるくらい。たるみが少なめのほうが好バランスに見える。

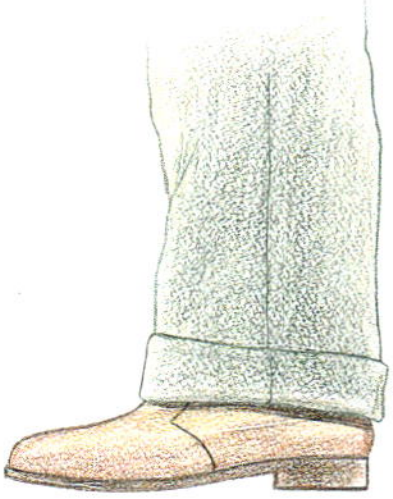

ダブル ワンクッション

パンツの裾がダブルで裾幅が通常か、やや広めの場合は、靴の甲が少しかぶるくらいの長さを目標に。

ダブル ジャスト丈

ダブルでも裾幅が狭いパンツの場合は、別。シングル同様、靴の甲に触れるくらいの丈を目安に。

Clothes Length
着丈

ジャケットの後ろ襟から上着の裾までと、同様の位置からパンツの裾までが、1対2になるのが目安。猫背にならず胸を張って立ち、長さを確認。

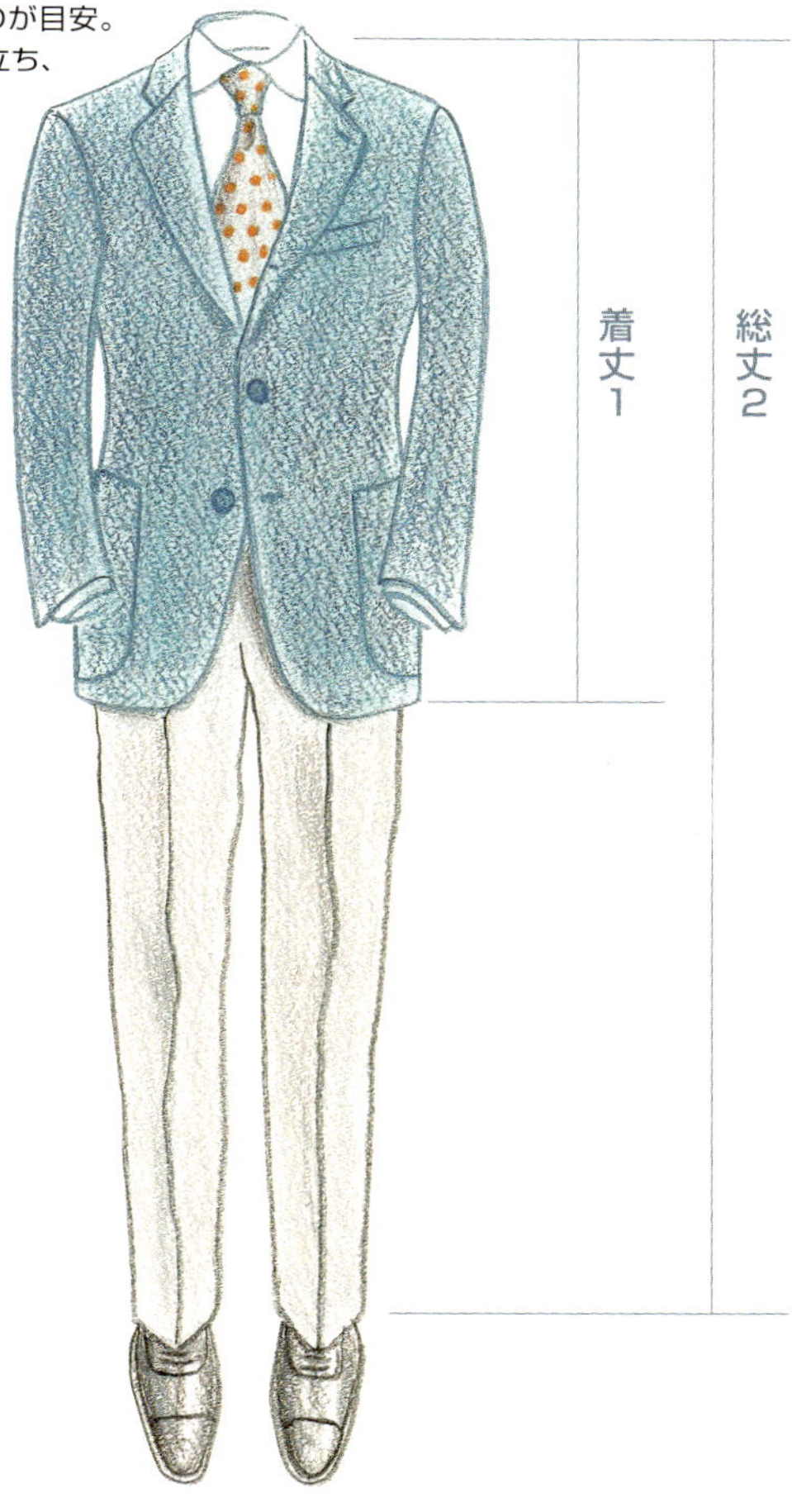

● ルール 13

「長すぎ」に注意してジャストバランスを心がける…

上着の袖丈、パンツの裾丈は、スーツを着た人の清楚感につながる。日本人はオーバーサイズ気味の傾向があるので注意。立つ座る、手を挙げる下げるの動作とともに試着を。

06

ディテイル～肩

「服は肩で着るものだ。肩がしっかり収まっているかどうか、それで着心地が決まる。肩のフィッティングとデザインはとても大事だ」と言ったのは、フィレンツェの仕立職人だった。たしかに、肩がうまくできている服は、生地の重さを感じない。逆に肩がうまくできていない服は、着ていると首の後ろから肩にかけてが疲れてしまう。すぐに脱ぎたくなる服は、肩がうまくできていないことが多い。

英国の服は肩をコンケイブしている（削りとって、へこませている）ように、つまりあえて怒り肩になっているように仕立てる。反対に、フィレンツェやナポリでは撫で肩になるように、後ろから見ると首から肩先にかけての線がなだらかなように仕立てられることが多い。美意識の違いであると同時に、どの山の稜線《りょうせん》のように着心地をつくるかの違いでもある。また、詰め物をして肩をつくる場合と、詰め物をほとんどせずにカッティングとアイロンのコントロールで肩をつくる場合とがある。詰め物でも、素材と着る人間の体型によって、きっちり成形されることもある。

コンケイブした構築的な肩と、ナチュ

ラルあるいはなで肩と、どちらがいいと言うことはできない。そのひとがどのように着たいかによるところが大きいし、好みもある。威風堂々とした姿を見せたいのか、それとも控えめな姿でいたいのか、それを肩で表現することが可能だ。ただし、疲れない肩であるべきだ。

肩と連続して、アームホール（袖ぐり）も重要だ。アームホールが大きいと、腕を上げたとき、服全体が持ち上げられてしまう。逆説めくが、アームホールが小さくて袖がたっぷりしているほうが、腕の可動域は格段に大きくなる。けれども、ただアームホールが小さければいいというものでもない。腕を動かしたとき、それに合わせて縦長になっていたアームホールが横長になるような、そんなふうに仕立てられていることが望ましい。既製服なら、ただの円や縦長の楕円ではなく、いわば蚕豆《そらまめ》のようなかたちになっていると腕の動きがスムーズだ。

さらに肩先というか、袖の付けられかたにも、さまざまな意匠がある。コンケイブした肩の場合、袖はふっくらとしているだろう。パリの古い仕立やナポリの場合、小さなアームホールに大きな袖をつけるので、当然のことながらアームホール周辺の袖はいせなければならず、ギャザーが寄ったようになっていることがある。パリではかつて、前から見るとすっきりしていて、後ろから見るとギャザーが寄っている袖付けが好まれた。

Step 06

「肩のフィット感」を重視してみる

スーツの上着のフィット感は肩次第、と言っても過言ではない。わたし自身も、対面したひとをひと目見たとき、まず、ショルダーラインを見ることがとても多い。なで肩の日本人はオーバー気味の肩のデザインを選びがちだが、肩だけ浮いている感のないものをセレクトしたい。肩のシルエットはスーツスタイルの印象を左右する、大切な要素なのである。

Arm Hole
アームホール

既製品なら、裏返してアームホールを確認。片側がくびれた蚕豆《そらまめ》様のものが肩に馴染《なじ》む。

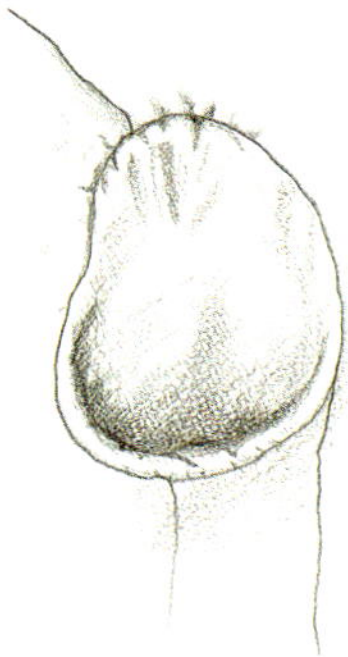

Shoulder
肩先

ホールはやや小さめ、腕まわりはゆったりが理想。いせてあるのは、その証と言える。

● ルール 14

肩の着心地のいいものを徹底確認…

試着の際、腕を挙げる、腕を水平に挙げて左右に回してみる、等のチェックをして。つれたりピチピチになったりでは仕事中も煩わしいし見苦しい。

Shoulder Line
肩のライン

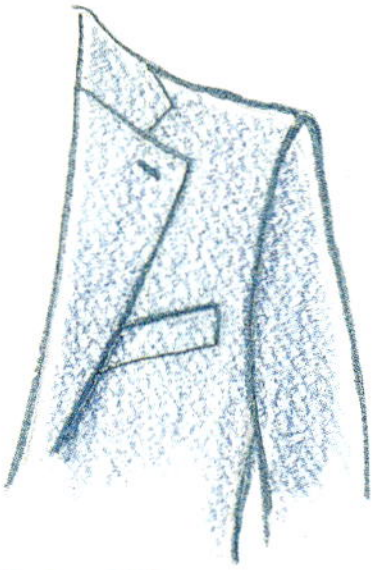

イギリス型

構築的にやや角ばった肩に見せるシルエット。堂々とした印象を演出。

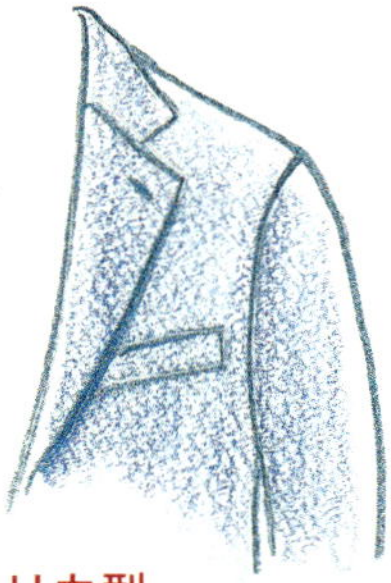

アメリカ型

肩の傾斜は人の肩のラインに合わせナチュラルな感じ。控えめな印象をアピールしたいひとに。

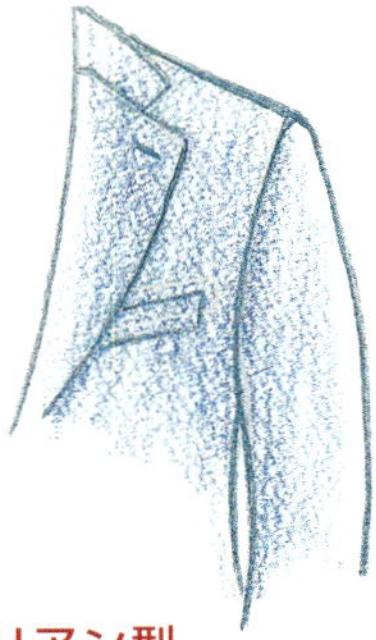

イタリアン型

いかり肩に見えるシルエット。肩幅が狭い人向き。誇張されすぎのものは肩が浮く。

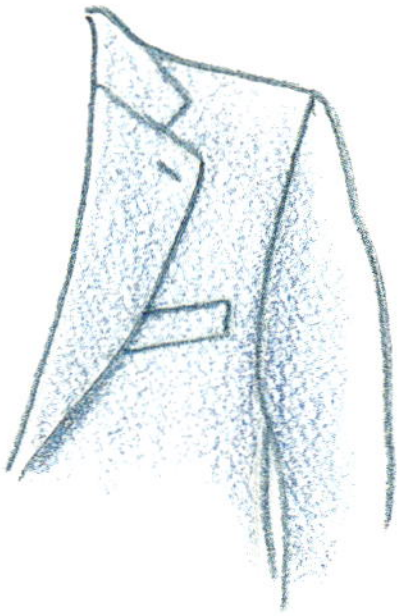

ラテン（フランス）型

肩を丸く包み込むようなシルエット。なで肩の人にもおすすめ。自然なフィット感が得られるはず。

● ルール 15

体型を踏まえ、見た目の印象と好みで選ぶ…

ショルダーラインは、スーツのみならず、そのひとの印象も左右する大切な部分。既成品を選ぶ際も、まず肩のシルエットで選べば間違いはない。

07

ディテイル〜ラペル

　アガサ・クリスティーが創造したエルキュール・ポワロは、1930年代に活躍した名探偵だ。彼はピークドラペル（剣襟）で、3つボタン、しかも3ピースを着ていることが多い。これは30年代を代表するスタイルだ。興味深いことに、禁酒法時代のシカゴを暴力で闇から支配したアル・カポネが好んだのも、ピークドラペルのスタイルだった。最近のピークドラペルは細いラペル（下襟）になっているが、30年代のものはたっぷりした襟に特徴がある。

　40年代になっても広めのラペルが主流を占める。ラペルが細くなるのは1960年代になってのことだ。ショーン・コネリーが扮《ふん》する007を思い浮かべればいいだろう。1970年代になると、ふたたびラペルは広くなっていくが、同時にボタン位置が下がる。しかもラペルが膨らんだようなデザインも登場することとなった。ビートルズがトミー・ナッターのもとで仕立てたスーツなどはその典型だ。

　ところで、詰襟学生服のボタンを上から2つほど外し、襟から身頃にかけての部分を外に折り返した図を想像してほしい。すると、スーツやジャケットのいわゆるラペルが現われるだろう。歴史的に見ても、もともと詰襟風のものだったのが、折り返されて現在に繋《つな》がるラペルが形成されていった。それに合わせて、カラー（上襟）も今日のように変化していった。

カラーとラペルが縫い合わされた部分を、ゴージ（もしくはゴージライン）と呼ぶ。時代によって、このゴージの位置も変化した。当初は高かったのが、１９７０年代に下がり、さらに日本では、外に向かって落ちるようなゴージとなった。最近では、「ゴージが高いほうが縫製技術は難しい」との言説があるが、はなはだ怪しい。なぜなら、ゴージだけで襟を見るのは無意味だからだ。たとえゴージが高くても、首が疲れるような襟であれば、それは仕立が悪い。また、アイロンで形成した「殺し襟」が高度だと考え、パーツを繋《つな》ぐ仕立を嫌うという傾向も反省すべきであろう。

首を前に傾けても襟が浮かず、しかも吸い付くようにできていて疲れない襟がいい。ラペルの幅が広いか細いか、はたまたピークドラペルであろうがノッチドラペルであろうが、それは着るひとの好みの問題だ。ただ、ラペルがあまりに硬いものは、エレガンスに欠けるとされる。風にはためく程度に柔らかなラペル、それでいて胸部に吸い付くように仕立てられているラペルはじつに美しい。

Step 07

「形・ゴージ位置」に注目する

スーツの顔ともいうべき
存在なのが襟である。
時代とともに変わる襟の幅だが、
ビジネス用であれば、
トレンドをあまり追い過ぎない、
スタンダードな襟を選びたい。
試着をして
全体を眺めたときに、
顔の大きさと合わせて見て、
襟ばかりが目立つものは
避けたいところである。
好みのシルエットを選び、
かつゴージの位置まで
確認する余力がでてくれば、
一歩も二歩も
あか抜けた印象の
スーツが選べるはずだ。

Shape of Lapel
襟のかたち

ノッチドラペル

下襟が下がっているもの。シングルブレストに多く見られる。左ページのようにゴージの高さや傾きで印象が変わる。

ピークドラペル

下襟の先が尖って上を向いているもの。タブルブレストのスーツなど、ややドレッシーなタイプのものに多い。

●ゴージの位置●

正しい着こなし

上襟と下襟を縫い合わせた部分、ゴージのラインが、シャツの襟羽の傾斜より高い位置にあると、はつらつとした印象になる。既製服の場合、このゴージの高さもチェックを。ただし怒り肩のひとは高すぎると強調してしまうので注意。

悪い着こなし

ゴージの位置が低く、傾斜もより下向きで、“情けない”印象の前姿になってしまっている。ふだんのシャツの先端がどのへんになるのか覚えておくと、既製服で選ぶ際にゴージ位置を確認する助けとなる。

● ルール 16

堂々と見せたいか控えめに見せたいかで決める…

ノッチドラペルのほうが、ナチュラルな印象。
ピークドラペルは威風堂々とした胸元になる。
どちらにするかは、好みで選ぶ。

● ルール 17

ゴージの高さをちょっと気にしてみる…

ゴージの高さによって、身長が高く見えたり、
胸元がしゃきっと見えたりする。自分をどう見せたいか、
によってゴージの高さを決めるとよい。

08 ディテイル～ポケット

クローゼットの入れ替えのためにスーツやジャケットを点検して、いくつか発見したことがあった。ポケットの表情もそのひとつだ。

胸ポケットには切りポケットと、貼り付けタイプのパッチポケットがある。そして切りポケットでも、その縁を飾るために当てられた布が厚く見えるか、それとも薄いか、箱型になっているか、あるいは舟のように曲線を描いているか……といった違いがある。英国の仕立は直線的な箱型で、イタリアは舟型が特徴だ。

また、胸ポケットが切られている位置によって、着る人間の背が高く見えたり低く見えたりするから不思議だ。

腰部のポケットもさまざまだ。大きくに胸部と同じく切りポケットとパッチポケットに分けられるのだが、真っ直ぐに切ったもの、斜めに角度をつけて切ったもの、切りポケットを覆うフラップの付いたもの、付いていないもの、正方形の下の角が丸くなったパッチポケット、まるで賀茂茄子《かもなす》のように全体が曲線を描いているパッチポケット……と、その多彩ぶりに驚かされる。

腰ポケットを斜めに切ったスラントポ

ケットは、遠乗り用乗馬ジャケットが起源で、馬の上でものの出し入れがしやすいようにデザインされた。いつしか英国風のスーツを代表する意匠のように位置づけられているが、乗馬服、それもフォーマルでないものがルーツであることを考えれば、ビジネススーツにはそぐわない。むしろカントリージャケットやスポーツジャケットで愉しむべきポケットだろう。

フォーマル度が高まると、ポケットにフラップは付かなくなったり、腰ポケットそのものが消えたりする。上衣にポケットチーフ以外のもの、重たいものを入れるのは野暮と考えられた名残《なごり》だろう。フィレンツェの仕立職人のように、こちらがリクエストしなければ最初からフラップを付けない文化圏もある。アイヴィースタイルでは、パッチ&フラップが定番だった。

パッチポケットの美しさで定評のあるナポリの仕立職人にビスポークを頼んだときは、こちらの手のサイズをあれこれ測ったものだ。なぜかと問うと、「腰ポケットは手を入れるところだから。それも親指以外の4本を入れるところだから」と、当然のことのように答えた。そのパッチポケットは賀茂茄子のような曲線を描いていて、ちょうど指4本を入れる大きさになっている。

ポケットのように小さなディテイルを積み重ねてスーツは完成する。

Step 08

「デザインの印象」を覚える

不思議なことに、
ポケットの
付き方ひとつを
とってみても、
大人っぽく見えたり、
元気でスポーティーに
感じさせたりと、
さまざまである。
ものを入れるため、
の存在ではなく
飾りとして存在する
ポケット。
いわばアクセサリーを
選ぶような
気持ちで見てみよう。

Breast Pocket
胸ポケット

切りポケット

外からは見えないもの。縁の飾り布が長方形の箱型と、斜めの舟型とある。後者は体に沿った流れのある立体的な胸元に見えるのが特徴。

パッチポケット

ポケットを貼り付けたタイプ。アウトポケットとも言う。カジュアルなジャケットに多い。腰ポケットもパッチポケットに揃える。

Side Pocket
腰ポケット

フラップなしポケット

切りポケットだが、フラップ（ふた）がないもの。シャープな印象になる。腰周りがすっきりし、体型の大きなひとにおすすめ。

フラップポケット

ふた（フラップ）が付いた切りポケット。ふたが上下2つ付いたものはチェンジポケットと言い、上品で高級感あるスタイル。

● ルール 18

胸ポケットもビジネスかカジュアルかで違う…

パッチポケットはカジュアル色が強く、ビジネス仕様なら切りポケットが多い。ラペルに一部が隠れているのが一般的だが、隠れてない場合も。ラペルと胸ポケットが離れ過ぎていると間延びしてNG。

● ルール 19

ウエストラインのイメージを考えセレクト…

腰ポケットは、たとえば、フラップなしは腰まわりをすっきりさせ、ストラント系（斜めに付いている）は洗練された印象に、とデザインによって変わる。

09

スーツのケア

「スーツは頻繁にクリーニングに出してはいけない」と言う。ウールが内包している油分が抜けてしまい、枯れた生地になってしまうからだ。腕が良く信頼できるクリーニング店でなければ、スーツを任せることはできない。では、スーツのケアはいったいどのようにしたらよいのだろうか。

スーツにとっての大敵は汗と埃《ほこり》だ。同じスーツをつづけて着てはいけない。できれば、最大でも週に2回までにとどめたい。家に戻ったら、上衣とパンツは別々のハンガーにかけて、吸い込んだ水分を乾かす。充分に乾いたら、今度は丁寧にブラッシングをして埃を払う。つづけて着なければ、パンツの折り目が消える確率は低い。

ケア用ブラシも、いろいろなタイプがある。獣毛をヴェテランの職人が仕上げたものは、まさに工芸品だ。以前は、わたしもそうしたブラシを使っていた。しかし、獣毛は摩擦による静電気で、かえって埃を集めてしまうこともある。これではケアの目的から外れてしまう。最近ではもっぱら、竹の枝でつくられた箒《ほうき》が活躍している。かつて、床屋に行くと最後に切った細かい髪を払うのに使っていたあれだ。最近では盆栽やプランター棚の掃除用として、園芸品店で売られていたりする。

この箒を使うことを教えてくれたのは、銀座の高橋洋服店だった。3代目当主の純氏は、あれこれ試したあげくに辿《たど》り着いたという。

「ブラシにお金をおかけになるより、プレスを大事にしていただきたいですね。パンツの折り目、後ろ側が消えてしまっていては、だらしなく見えてしまいます。コツさえ摑《つか》んでしまえば、プレスはご家庭でもできます」

純氏はそう言うものの、クリーニング店でさえきちんとプレスができないところがある。

特にラペルがふうわりと仕上げられることは稀だ。

「そうしたときは、どうぞ仕立屋をご利用ください。適切なプレスをするだけで、服は甦《よみがえ》りますから」

ウエルドレッサーとして知られるある財界人は、毎日、その日に着たスーツは自分でブラッシングをするという伝説を持っている。スーツを愉しもう、スーツを自己表現の道具としようとするのなら、スーツを大事にすることは、やはり当然の義務だ。スーツを大事にする、愛情を注ぐ、そうすればスーツも応えてくれるに違いない。

スーツは、育てるものである。

Step 09

「ブラッシングの習慣」を身につける

どんなに仕立のよい
スーツでも、
手入れが悪ければ
安物同然である。
ぜひ心がけたいのが、
見えにくい部分まで
埃《ほこり》と汗を取ること。
生地も生き物と心得て、
とにかく着たら手入れ、
を習慣づけたい。
このひと手間こそが、
スーツを長持ちさせる。
衣服へ愛情を
注げるかどうかは、
ビジネスで
成功できるかどうかの
尺度にもなる。

Brushing
ブラッシング

襟の裏
細かい糸くず、頭皮から落ちるフケなどを丁寧に払う。
肩先などの縫い目
肩先やポケットのフラップの縫い目に埃はたまりやすい。
ダブルにした折り返しは要チェック。シングルも裾には汚れが付着。

● ルール 20

汚れはその日のうちに
オフが基本…

汚れが付いたままアイロンをすると
生地が傷むし、気づかずについた汚れはカビや
シミになる。毎日ブラッシングの習慣を。

第３章

スーツを彩る小道具たち

個性をさらに発揮するには
やはり「小物」。あなどるなかれ、
小さいながら効力は大きいのだから。

01

ポケットチーフの妙

挿すことで完成するエレガンス

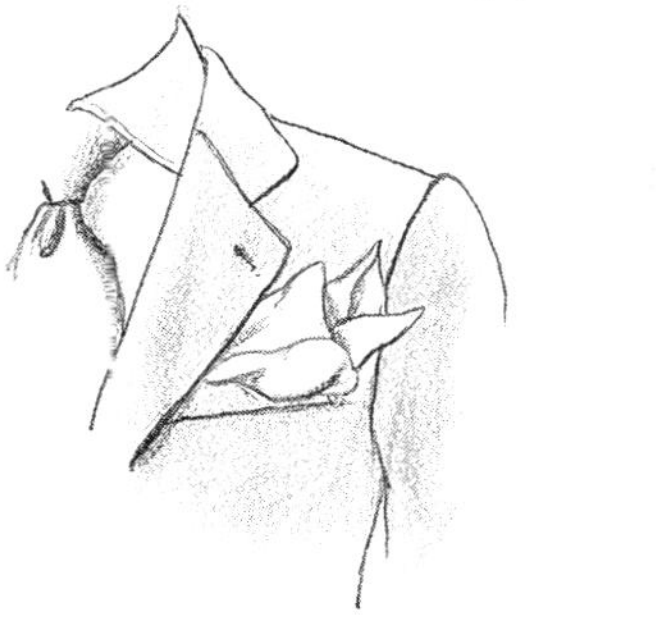

19世紀の中葉、英国で新しいコートが誕生した。最初に着たチェスターフィールド伯に敬意を評して、それはチェスターフィールドコートと呼ばれるようになった。フロックコートを下敷きとし、身頃を留めるボタンが見えないように比翼＊仕立にしたシングルブレストが代表格だ。ビジネスでもフォーマルなシーンでもしっくりとくるそのコートは、胸にポケットが切ってあることが多い。けれども、その胸ポケットに挿《さ》すのはポケットチーフではなく、グローブ（手袋）にかぎられる。英国の仕立屋では「コートの胸ポケットにチーフを挿してはならない。挿してよいのはグローブのみ。なぜなら、胸ポケットそのものがそもそもグローブ用にはじまったも

＊比翼仕立
パンツやコートの前開きに用いられる。ボタンを留めても表から見えないような二重に仕立てられているのが本比翼仕立。このほか端を折り返して裏側にあるボタンホール（＋ボタン）を隠す略比翼仕立がある。

のだから」と言い伝えられるほどだ。

ひじょうに興味深いことに、男性の衣服の身頃にポケットという構造が登場するのは、じつに17世紀になってからだ。ただしこれはいわゆる腰ポケットにかぎられ、胸部にポケットが切られることはなかった。胸ポケットの登場は19世紀、それも中期以降のことだ。つまりチェスターフィールドコートが登場したのと胸ポケットの登場はほぼ同時期だと見てよく、だとすれば胸ポケットはやはりグローブを挿すためにつくられたと考えることができる。わたしたちはなぜか対称性を美しいと感じるが、その意識からすればあえて対称性を破る胸ポケットはきわめて異質な存在だ。

ポケットが出現するまで、ひとびとは襟や袖口などにカネを隠すように工夫していた。いまでも上衣袖口の内側に、紙幣を畳んで挿し込めるような意匠をほどこす仕立屋がいるのは、そうした時代の名残《なごり》だ。また、ポシェットと呼ばれる小型のバッグは「小さなポケット」という意味で、中世の貴族がカネを入れるために腰に下げた絹製小袋を原型とする。それが衣服にポケットとして設けられるようになり、1940年代にはシャツやヴェストなどを含めるとじつに1ダースものポケットが付くこととなった。上衣の内側のポケットなどは必要性の説明が可能だが、胸ポケットはなぜ生まれたのか、やはり英国の仕立屋が言うように「グローブを挿すため」なのだろうか。

服飾史に登場はしたものの、胸ポケットはなかなか定着しなかった。オーバーコートには設けられても、上衣に設けられるのは稀だった。現在では、スーツであれ、ややスポーティーなジャケットであれ、胸ポケットはごく当たり前にある。ところがそのように定着したのは20世紀、1920年代になってからのことだ。現代にまでいたるスーツが完成し、その上衣に設けられたときから、どうやら胸ポケットはグローブを挿す場所から、チーフを挿すべき場所へと変化を遂げたようだ。

ところでチーフそのものの起源は古い。ローマ帝政時代に競技＊のはじまりを告げるために振られた布は、日常時には顔を拭《ねぐ》うなどハンカチーフと同じように使われていた。ハンカチーフはその初期から、日常性と儀礼性を同時に合わせ持っていたのだ。ハンカチーフはルネサンス期のイタリアで流行し、16世紀になると上流階級にとっては必需品となる。ハンカチーフという呼称が生まれたのも16世紀のことだ。バロックやロココの時代となると、ハンカチーフは一気に奢侈《しゃし》な存在となる。レースに宝石をあしらったものまでが登場する。当時の上流階級に属す男たちにとっては、上質な絹でつくられたチーフを無造作に洟《はな》をかむのに使うことこそがステイタスになった。これは現代の英国でも、ポケットチーフを使って平然と洟をかみ、それをまた胸ポケットに戻すことがジェントルマンのあるべき姿とされることと重なっている。

＊競技のはじまりを告げるために振られた布
「オラリアム」と呼ばれたハンカチーフを観客が小さな旗のように振ったとも言われる。この時代、ハンカチーフは男性のものであった。

18世紀末のフランスでは、長方形や円形などさまざまなヴァリエーションのハンカチーフが流行する。華美と個性を競うためで、これに眉を顰《ひそ》めたのは王妃マリー・アントワネット*だった。新しいスタイルの創造が許されるのは自分だけ、そんな強い信念を持つ彼女にしてみれば、庶民までもがハンカチーフのトレンド形成に参加するのは我慢ならなかったのだろう。マリー・アントワネットはルイ16世に進言して、「国内のハンカチーフはすべて正方形にすべし」という法令を発布までした。これ以後、チーフは正方形の伝統を崩していない。

　顔を拭ったり洟をかんだり実用のために誕生した布が洗練されていき、ハンカチーフと呼ばれるアイテムとなった。そして男性の上衣に胸ポケットが登場してそこに挿されるようになると、ポケットチーフとも呼ばれるようになる。19世紀から20世紀にかけて、英国でドレスコードが整備されていくにつれ、ポケットチーフはなくてはならない地位を確立する。このドレスコードにもさまざまなものがあるのだが、モーニングコート着用（昼間）の第一礼装の場合は白い絹製、テイルコート着用（夜間）の第一礼装のときは白い麻製のチーフを挿すのが相応《ふさわ》しいとされる。

　ハウツー本の類を開くと、礼装のときはスリーピークと呼ばれる畳み方で挿すべきだと書かれてあったりするが、必ずしもそれが絶対ということはないようだ。なぜならば、英国王室の行事を眺めているとトライアングルと呼ばれる畳み方や、パ

＊マリー・アントワネット　フランス国王妃。母はマリア・テレジア。自由奔放、享楽的な性格からか、民衆の反感を買い、フランス革命では断頭台にのせられた。フランス宮廷ではファッションリーダー的存在。誕生日にちなんで11月3日は「ハンカチーフの日」とも。

フという挿《さ》し方まで散見することができるからだ。ハウツー本ではどれも「パフは砕けた、洒落《しゃれ》たポケットチーフの挿し方」と紹介されていることだろう。スリーピークはチーフを三角形に折っていき、山の頂が3つできるように整えて挿すもの。トライアングルはポケットから三角形の頭がわずかに覗《のぞ》いているように挿す。そしてパフはチーフの中心を摘《つま》んでふわりと畳み、できた丸みをポケットから覗かせる挿し方だ。また、国によってもポケットチーフをめぐるドレスコードが異なる。ビジネススーツに挿す場合、イタリアでは「白い麻製は昼間にかぎり、夜は絹製のプリントのものを。絹製プリントのものは昼間でも相応《ふさわ》しい」とされている。

アナンのポケットチーフの真意

コフィ・アナン[*]は国連事務総長に就任してから、つねにというわけではないがポケットチーフを挿していた。ところが、あるときを境に彼の胸ポケットからはチーフが消えた。その「あるとき」というのは1999年3月24日、NATO軍によるユーゴ空爆が開始された日だ。直前まで、アナンはユーゴ和平に向けて努力していた。ところがNATO軍――というよりもアメリカ軍は国連安保理決議なしに空爆に踏み切った。これは国連事務総長の立場を無視するかのような行動であった。記

＊コフィ・アナン
1997年国連事務総長に就任し、現在は2期目(2006年末まで)。2001年にはノーベル平和賞を受賞している。

者会見でアナンは「武力行使が必要なときもある。空爆を招いたユーゴを遺憾に思う」と述べたが、表情は苦渋に満ちていた。そしてこれ以降、アナンがポケットチーフを挿したことはない。

コフィ・アナンはポケットチーフを軽んじるようになったのだろうか。いや、あれほどの見事な着こなしをするウエルドレッサーが、たとえチーフのような小さなアイテムであろうと軽んじるとは考えにくい。そうではなく、むしろポケットチーフの重要性を認めているからこそ挿さなくなった、と解すべきではあるまいか。たとえG8の首脳＊が挿さなくなったとしても、男性のドレスコードにおけるポケットチーフは重要性を失ってはいない。ポケットチーフを挿すことでエレガントな着こなしは完成する。いかに素晴らしいスーツやシャツを着ていても、チーフを外しているのは画竜点睛《がりょうてんせい》を欠くというものだ。

胸ポケットにチーフを挿すことでドレスコードやエレガンスが完成するのであるならば、あえてそれを外したのは、それによって「自分は完全ではない」と語っているのだろう。ましてや、彼自身がユーゴ和平を模索して動いていたときに、それを無視するように空爆ははじまった。国連であろうと屈服させる唯一の超大国アメリカに対する、じつに静かな抗議と見るのは想像が逞《たくま》し過ぎるだろうか。ドレスコードの解読は奥が深い。

＊**首脳が挿さなくなった** 69歳で、アメリカ最高齢大統領就任者となったレーガン40代大統領は、つねに白い麻のチーフを挿していた。日常的にポケットチーフをしている大統領は、以後いない。アメリカのみならず、他国の首脳も挿さないことが多くなった。

02

靴は人生
老舗ベルルッティの造形美

　１４６３年に英国で、１４７０年にはフランスで、じつに奇妙な法律が制定された。靴の長さをめぐる法律で、過度に長い靴を規制することを目的とした。12世紀、爪先が異様に長く尖《とが》った形状のプーレーヌあるいはクラカウと呼ばれる靴が登場する。この靴はたちまちヨーロッパ各地に広まり、15世紀中葉にピークを迎える。長い爪先部の形状を整え保つために、苔《こけ》が詰め込まれていたという。苔は保温効果もあり、そうした面からも採用されたのかもしれない。プーレーヌやクラカウに対する熱狂は凄《すさ》まじく、その狂乱ぶりを何とか鎮静化させようと為政者たちは規制という手段に訴えた。

服にいわばトレンドがあるように、靴にも流行やその伝播がある。16世紀前半は熊の足のようなフォルムの靴、あるいは足の骨格を強調するような切れ目を入れた靴が好まれた。このタイプは性的な印象が強すぎるとの理由から、たちまち禁止されてしまった。さまざまな肖像画を見るかぎりでは、色にそれほどの流行はなかったのか、黒とベージュが多い。17世紀はブーツの時代だ。騎士文化の隆盛と軌《き》を一《いっ》にしており、甲の部分を保護するバタフライ型の当て革や、漏斗《ろうと》型のフォルムが人気となる。

騎士たちがブーツに存在をアイデンティファイしていく一方、宮廷内部では短靴がより洗練の度合いを高めていった。1660年、ボルドーの靴職人ニコラ・レトランジュ*がフランス王ルイ14世の婚礼用に制作して贈った靴は、爪先がスクエアになっていて、踵《かかと》は赤くて高く、しかも甲部分は凝ったバックルと紐《ひも》結びで飾られていた。ルイ14世はよほどこの靴がお気に入りだったらしく、ファン・デル・ミューレンが1663年に描いた肖像画や、イアサント・リゴーが1701年に描いた肖像画で、ともに足元に登場している。そしてこの靴は、後の時代にも大きな影響をあたえた。

1789年、革命後のフランスでは、ハンガリー製のローヒールが人気を集めたことが記録に残っている。そして19世紀以降は、トレンドセッターと呼ぶべき人物

*ニコラ・レトランジュ
その生涯は詳らかではないが、フランスでは靴職人の祖とされている。

たちが出現し、彼らが靴の歴史に大きく寄与することとなった。たとえばプロシア（ドイツ帝国）軍のブラヘル元帥は1810年、ブルーチャー*（外羽根式）の靴を考案して職人につくらせている。この一足が狩猟用靴の基本となり、さらにオックスフォードシューズ**として現在にまで伝わっている。英国では紐《ひも》靴はオックスフォードシューズと総称し、文字どおりオックスフォードの学生たちが愛用した。

ウインザー公とベルルッティ

1853年になると、ヴィクトリア女王の夫君アルバート公がバルモラル***（内羽根式）を考案する。靴紐を通す羽根部が甲に内側から縫い付けられて一体化している。アルバート公が愛したスコットランドの古城にちなんでバルモラルと呼ばれるこのデザインは、現代においてもエレガントでフォーマル度の高い靴に数えられている。そして1923年、プリンス・オブ・ウェールズ（後のウインザー公）はココアブラウンのスウェード靴をスーツに合わせ、世間を驚かせた。スウェード素材はカントリーサイドのものとされ、スーツと組み合わされることはなかったからだ。

ウインザー公は1894年、ジョージ5世の長男として生まれた。現エリザベス女王の伯父にあたる。1911年にプリンス・オブ・ウェールズとなり、国王の座

＊ブルーチャー
ブルーカーと発音することも。日本では外羽根式。短靴の紐を通す羽根の部分が、爪先革部の上までかかっている型式。ブラヘル元帥のドイツ語読み「ブリュッヒャー」が由来。

＊＊オックスフォードシューズ
紐で締める短靴の総称だが、狭義にはブルーチャー式の靴を言う。3〜6対のアイレット（小穴）に紐を通す。

＊＊＊バルモラル
日本では内羽根式、略してバルとも。外羽根式のものよりエレガントとされる。

を約束された。そして１９３６年、王位に就《つ》いたにも関わらず、シンプソン夫人との恋のために王位を棄てた。その翌年、ヒトラーの招きに応じてドイツを訪問したことは、公の歴史に大きな影を落とす。第２次世界大戦中、ヒトラーからは「ナチスが英国を制圧したらふたたび王位に」と打診され、それもあってか夫妻で連合軍側の情報をナチスに提供していたともされる。１９４０年にバハマ諸島領事に任じられたのは、ナチスへの情報を遮断するための措置でもあったようだ。彼の思想信条がいかなるものであったのかはさておき、彼が20世紀中葉のファッションに多大な影響をあたえたことは間違いない。ティーパーティーにハンティング姿で臨んで謹慎処分となったり、正式な夜会にタキシードで出席したりもした。彼はある意味で、ドレスコードの破壊者であり、新しいドレスコードの創造者であった。

　戦後、ウインザー公夫妻はパリに落ち着いたが、パリではとあるビスポークシューズ（注文靴）のアトリエを愛した。ウインザー公が生まれた翌年、イタリアのアドリア海に面したセニガリア出身の靴職人[*]アレッサンドロ・ベルルッティがパリにアトリエを開く。このベルルッティこそ、晩年のウインザー公が愛したアトリエのひとつであった。１９６０年代のある日、ウインザー公がオーダーした靴をピックアップするためにベルルッティを訪れた。応対したのは若きオルガ（現４代目当主兼チーフデザイナー）で、オルガはいつものように靴を履かせ、具合を確認し、紐

＊アレッサンドロ・ベルルッティ　１８９５年パリに創業。「世界で一番美しい靴」と称される。各界のセレブリティに愛されている靴である。

を結ぼうとした。そのとき、ウインザー公は優しい口調だがきっぱりとこう言った。

「すぐに解けてしまうような結び方は、わたしは好きではない。朝、靴を履いて紐を結んだら、それは夜、脱ぐときまで解けないほうがいい」

　オルガはおずおずと訊《き》いた。

「どのように結んだらよろしいですか」

　するとウインザー公は自ら、不思議な結び方を披露した。

「これなら、緩《ゆる》むことがない。かといって、きつすぎることもない。足をいたわるような、そんな結び方だ」

　たった一瞬の出来事だったが、オルガに強烈な印象をあたえた。公が店を出た後、オルガは夢中になって公が見せた結び方を研究した。それが現在、「ベルルッティ*結び」として知られるものの誕生をめぐる伝説だ。この結び方だと、たしかに甲の一点ではなくカーブに沿って結び目がつくられるため、足がむくんでも痛みを感じることがきわめて少ないし、しかも解けてしまうこともない。じつに理に適《かな》った結び方だ。

　引き換え、日本の政治家や官僚たちの足元を見るたびに哀しくなる。永田町や霞が関でレースアップ（紐で編み上げる）タイプの靴を見かけることは少ない。侮蔑《ぶべつ》を込めて「餃子靴《ぎょうざぐつ》」と呼ばれるタイプが圧倒的に多い。着脱を楽にするためにそ

＊ベルルッティ結び
通常の蝶結びをすべて2重にする方法。ロングノーズの特徴を引き立たせる美しい結び目になる。

うした靴が求められるのだろうが、ならば甲の脇部にゴムをあしらって足入れを容易にした紐なしの深靴であるサイドゴアやサイドエラスティックと呼ばれるタイプの靴をせめて履いてほしい。官邸の主人となって以来、小泉首相はいったい何度、レースアップシューズを履いただろうか。エリート外交官僚でさえも、レースアップシューズを履く者は稀だ。イタリア製ブランドもののスーツに身を包み、足元は餃子靴で国際会議に出席する姿がしばしば見受けられる。

　ベルルッティに魅了された者たちは多い。アンディ・ウォーホル[*]やフランソワ・トリュフォー[**]といった芸術家たち、ケネディ一族、さらには南アフリカ共和国大統領となったネルソン・マンデラもパリ滞在時にベルルッティを訪ねている。

　かつてオルガに取材したとき、彼女のこんな言葉が印象に残っている。

「靴というのはひじょうに小さな存在です。しかし、履くひとの足を護《まも》り、人生を支え、人生を前へ前へと進ませる推進力そのものなのです。けっしておろそかにしてはなりません。靴は魂そのものなのです」

　ベルルッティの顧客たちは、靴を愛し、靴を磨くことを喜びとする。そんな顧客たちが集うスワンクラブ[***]では、シャンパンで靴を磨くことが慣《なら》わしとなったが、ボー・ブランメルもブーツをシャンパンで磨かせたものだった。オルガは言う。

「靴を磨きなさい、そして自分を磨きなさい」

＊アンディ・ウォーホル
アメリカの画家・芸術家でポップなアートで人気。ベルルッティをこよなく愛し、「アンディ」という靴ができたほど。

＊＊フランソワ・トリュフォー
フランスのヌーヴェルヴァーグを代表する映画監督のひとり。『大人は判ってくれない』は大ヒット作。恋愛のみを題材にしていた。

＊＊＊スワンクラブ
靴とプルースト文学が好きな顧客によるオルガ・ベルルッティを囲む会。

03

ホーズ（長靴下）のエレガンス

足元から覗く脚線美

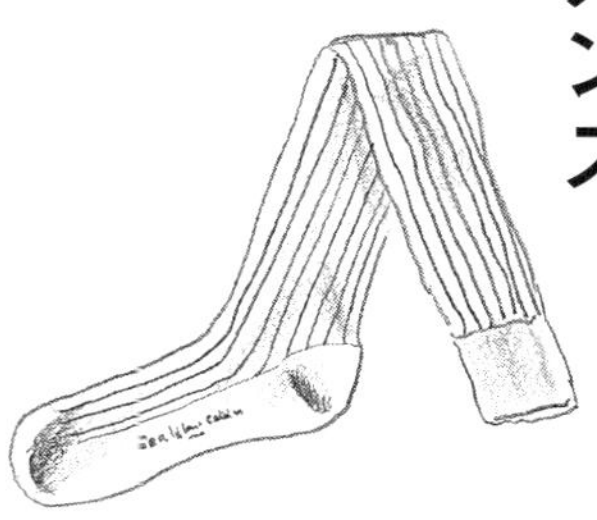

閣議前、ソファに座って閣僚たちが待つなかに、首相が入っていく光景は頻繁に見られる。そのとき、脚を組んでいる男性閣僚たちの足元が気になることが多い。脛《すね》までの長さの靴下が弛《ゆる》んで踝《くるぶし》の上で溜まり、脛が覗いていたりするからだ。なぜ、膝下までの長さのあるタイプを着用しないのだろうか。脛を見せてしまうことは、西洋的ドレスコードではマナー違反とされる。ましてや、ブランドのワンポイントロゴが入っている製品や白いスポーツソックスの類をスーツとドレスシューズに合わせるなど、けっして許されることではない。長いタイプの靴下はホーズと呼ばれる。水を撒《ま》くときに用いる、いわゆるホースと同じだ。ホーズとはもともと、タイ

ツ風のズボンを指した。

古代エジプトや古代ギリシアでは、ゲートルのように細い布を巻いて脚を覆った。それがやがて中世ヨーロッパで、タイツのような形状へと変化していく。15世紀末から16世紀にかけての時代、長かった男子服の丈が短くなり、腰部を覆うダブレット*になる。そこで、露《あらわ》になった脚を包むためにタイツ風のホーズが生まれた。このホーズは、脚を覆うと同時に、男たちの脚線を強調する役目を担った。立派なふくらはぎはセクシュアルなアピールを担った。さらに時代が進み、ゆったりとしたブリーチズと呼ばれるズボンが登場すると、ホーズは膝までの丈となる。これが現在までつづくホーズである。１５４７年、スペイン国王から英国王ヘンリー8世への贈り物リストに、手編みの絹製ホーズの文字が見られる。ホーズはスペインで完成されていったようだ。

ホーズは当初、単純なウール製であった。それがニットに変わったのは、技術革新に依《よ》るところが大きい。１５８９年、ウィリアム・リーという英国人牧師が、足踏式のメリヤス**編機を発明したのだ。メリヤスはスペイン語で靴下を意味する「メディアス」が転訛《てんか》したものと考えられ、ここからもスペインの関与がうかがえる。脚線美を強調したいという時代の欲求に応えるのに、靴下編機ほど相応《ふさわ》しいものはなかった。ニット製ホーズは高価な存在だったが、ひとびとはこぞってホーズを求

＊ダブレット
現在の長袖Tシャツに近くチュニックが進化したもの。元来は鎧《よろい》の下に着用した刺し子の衣服。初期は麻製でシンプルだったが、しだいに華美なものに変化していった。

＊＊メリアス編
表と裏の編み目を違えることで、伸縮するようにしている。

めるようになった。ホーズは日本へは16世紀後半、南蛮貿易によってもたらされ、徳川光國はメリヤス製のものを着用したことが知られる。そしてホーズを履くとき、欠かせないのがガーターである。

ホーズは己の脚線美を強調するだけでなく、家紋や勲章を足元で表現する手段でもあった。ルネサンス期の貴族がホーズを愛用したのは、そうした事情による。16世紀、ホーズを留めるためにイタリア製のガーターが珍重された。ローマを訪れたヨーロッパのある外交官が、仕える公のためにナポリ製のガーターを大量に買い求めたことが記録されているほどだ。ガーターをめぐってはさまざまな伝説がある。そのひとつが、英国最高の栄誉とされるガーター勲章にまつわる伝説だ。ガーター勲章は1348年、エドワード3世によって制定されたとされる。つまり、ある外交官がローマでナポリ製ガーターを購《あがな》う200年前、すでにガーターが定着していたことがうかがえる。

聖堂騎士団など宗教性の強い結社にあやかって世俗騎士団*がつぎつぎに設立されたが、ガーター騎士団もそのひとつであった。団員たちは所属を示すために、左足の膝下に青い布を巻いてホーズを留めた。この青い布がガーター勲章である。ガーターには「思い邪《よこしま》なる者に災厄あれ」との言葉がフランス語で、金糸によって刺繍《ししゅう》された。英王室の紋章にあるのと同じ言葉だ。エドワード3世はプランタジネット

＊世俗騎士団
王侯貴族のお抱え騎士団で、特権階級。身分としては騎士。やがては形骸化したが、ガーター騎士団のように堅実に現在まで存続している騎士団もある。

朝の英国王で、フランス王位継承権を主張してフランスを相手に百年戦争をはじめた。国家主義的な機運が高まった時期、ガーター勲章はアイデンティティを再確認する効果もあったようだ。

1346年、英仏戦争の只中、闘いの指揮を執るエドワード3世は、槍《やり》の切っ先にガーターを結んで勇気の証《あかし》とした。これがガーター勲章の由来となったとされる。

由来の真偽はともかくとして、ガーター勲章は国家に対して特に功績のあった人物*や外国の元首に授与される。授与者には定員枠があり、空きが出るまで待たなくてはならない。また、贈られた本人が亡くなると返却されねばならない……などの規定がある。ルールを厳格化することは、この勲章の格を高めていくことにも繋《つな》がる。

もうひとつ、ロマンティックな起源説もある。1347年、カレー占領を祝う宴がウインザー城で催されたおり、エドワード3世はソールズベリー伯爵婦人と踊った。このとき、婦人のガーターが外れて落ちたのを、ひとびとは冷笑を浮かべて眺めた。エドワード3世は床からガーターを拾い上げるや自身の脚に嵌《は》め、「思い邪なる者に災厄あれ」と呟《つぶや》き、さらに「ガーターは間もなく最高の尊敬を受けることとなろう」と言葉を継いだ。これがガーター勲章の起源となったという説である。

1906年、英貴族コンノート卿が国賓《こくひん》として来日し、明治天皇にガーター勲章を授与した。これが日本とガーター勲章との出逢いである。ちなみに1906年は

＊功績のあった人物
「議会の父」とも言われたチャーチルは、1953年、エリザベス2世騎士（ナイト）の称号とガーター勲章を与えられた（同年ノーベル平和賞受賞）。日本でも明治天皇以降、4代の天皇が授与されている。

満鉄が創立され、日本が世界に飛躍しようと踏み出した年であった。現在の天皇は1998年5月に英国を訪問した際、エリザベス女王からガーター勲章を授与されている。セント・ジョージ礼拝堂には勲章を授かった騎士24人のバナー（旗）が並んでいるが、皇室を表わす菊の紋も飾られている。また、映画やスポーツで類稀《たぐいまれ》な功績を上げた者に対して贈られる賞に、しばしば「ブルーリボン」の文字が冠されるが、これもガーター勲章が青い布であることに由来する。

足元から覗く色は？

ところでガーターで留めるホーズの色だが、肖像画の類《たぐい》を見るかぎりでは白が圧倒的に多い。ルネサンス期は色や柄の異なるものを左右片脚ずつ履くミ・パルティというスタイルが流行し、上流階級者たちはそれを競ったものだった。しかし、今日のドレスコードでは、白いホーズはパーティーかフォーマルのときに着用するものであり、ミ・パルティでは変人扱いされかねない。ビジネスシーンではグレイかネイヴィー、せいぜいバーガンディー（落ち着いた赤ワイン色）、スポーティーな場面でブラウン系やグリーンなどが相応《ふさわ》しいとされる。狩猟をするとき、秋はブラウン、春はグリーンとジャケットの色も決まっていて、それに倣《なら》ってのものだろう。

さらに、ドレッシーになればなるほど、靴下の目は細かくなる。フォーマルウェアでは薄いシルクかコットンライル、ビジネスウェアなら細いリブ編みのウールかコットン*……という具合だ。ビジネススーツに白いスポーツソックスは不適当だし、逆にトゥイードのジャケットにシルクやコットンライルを合わせることも避けたい。フォーマル用にシルクか極細番手コットンで白、グレイ、ネイヴィー、黒を揃え、ビジネス用にネイヴィーとグレイを抑えて、各色を揃え、カントリーサイド用にアーガイルのものなどを加えたいものだ。

ヨーロッパのエグゼクティヴたちで、ビジネススーツにソックスを合わせる者はいない。ズボンの裾と靴下のあいだから肌が見えることは、野暮であり見苦しいとされるからだ。アメリカでは、ふくらはぎまでのソックスタイプを愛用するエグゼクティヴも多いが、その場合はガーターで留めてソックスが弛《ゆる》むことを防止する。いずれにせよ、ホーズで脚を覆いつつ脚線を強調した伝統は、今日のエレガンスにも生きている。ときおり「イタリア人はネイヴィーのホーズばかりだ」という紹介もあるが、事実ではない。ホーズであれソックスであれ、靴下の色はジャケット、ネクタイ、シャツなどと合わせるようにして選び、必ず靴下のほうを濃くするという文法を守っているだけだ。陽の光に合わせてネクタイを選ぶのと同様に、どのようなホーズを合わせるか、これもエレガンスの基本である。

＊コットンライル
細番手のコットン。ウールだと摩滅が激しいが、こちらは丈夫で通気性も優れている。

04

アタッシェたちの鞄

近代スーツの感性と相応しい鞄

16世紀を代表する画家のひとりであるハンス・ホルバインに『使節たち』という作品がある。室内に二段棚が置かれ、棚を挟んでふたりの人物が立ち、こちらを向いている。飾り棚の上には、楽器、地球儀、書物などが並べられている。その画題のとおりふたりの人物が外交使節であるならば、当時の大使がどのような環境に身を置いていたかがうかがえて興味深い。フランスきっての知性、故ロジェ・カイヨワは著書『幻想のさなかに』でこの作品を採り上げていて、棚に並ぶものについて「虚栄の徒が収集したがる知識と科学のシンボルである」と断じた。

カイヨワとは違った視点から、この作品を眺めることはできないだろうか。気になるのは「虚栄の徒のシンボル」のサイズである。楽器はともかくとして、いずれもがコンパクトな大きさに思える。棚の向かって右奥に置かれた科学道具などは、その形状からおそらく組立式になっていると考えられる。つまり、外交使節とは移動する者たちであり、そのために彼らの日常を彩る道具類も持ち運ばれることを前提としているのだろう。こうした道具類がどのように梱包《こんぽう》され運ばれたのか、いかなるバゲッジに詰められたのか、それは画面に描かれていないため、創造を逞《たくま》しくするしかない。ホルバインの時代から、はたして外交行嚢《こうのう》*といった言葉は存在していたのだろうか。

英国ではラゲッジ、アメリカではバゲッジと言うが、英国でも船などに積み込むものに関してはバゲッジを使う。これは旅が船や馬車によっていた時期の名残《なごり》と考えられる。旅とは日常から非日常への脱出であるが、だが日常を旅先で再現するために身の回りの品々をコンパクトに携行する技術を求めた。そこから荷造り用の木箱が発達し、現在のトランクに発展していくこととなる。各地の大使館や領事館への異動発令を受けた外交官たちは、木箱に革を貼ったものに荷物を詰め旅立っていったのだろう。しかし、重要書類は肌身離さずに携行することが肝要であり、それに応える小型のケースが求められた。これがアタッシェケースの原型である。

1851年、ロンドンのクリスタル・パレスで催された万博に、英国の皮革製品

＊行嚢
輸送する際に使う、物を入れるための袋のこと。

メーカーであるブライアン・フィニガン[*]はビジネスケースを出品した。木製のハードケースに革を貼ったもので、堅牢《けんろう》さと使い勝手の良さが評価され、金賞を受賞している。旅先ではもちろんのこと、馬車や船のなかでデスクのような機能を発揮する。このケースがやがてアタッシェケースとして定着していくのだ。ちなみにアタッシェケースという言葉が一般に登場するのは、1904年の英国でのことだった。ブライアン・フィニガンは20世紀の初頭まで存在し、優れたビジネスケースを送り出しつづけた。

トランク、ラゲッジ、あるいはアタッシェケース……そのいずれにも、日本では鞄の文字を当てる。漢字では、バッグやケースではなく「革つくり」や「革鞣《なめ》し」の意であった。しかも「カバン」という語は、モノを挟む板の「挟板」やオランダ語の「カバス」に由来するとされる。鞄という漢字にカバンの意味を持たせたのは、日本独自の用法だ。国訓字である。日本における鞄の使われ方を辿《たど》ると、初期はハードケース、木箱に革を貼ったものを指していたようだ。おそらく「革で包んだ匣《はこ》」といったイメージやニュアンスが、鞄になっていったと考えるのが自然だ。それ以前の鎧櫃《よろいびつ》、薬籠《やくろう》、台箱、行李《こうり》なども鞄のなかに包含されていく。

日本に鞄が定着するのに、外交使節が大きな役割を担っていた。1871年、岩倉使節団[**]が欧米に派遣されるが、ここに明治初期の政商、山城屋和助が随行してい

＊ **ブライアン・フィニガン**
手仕事ならではの細やかさで定評があった皮革メーカー。皮革産業にも訪れた産業革命の工業化の波によって、20世紀初頭に名が消えた。

＊＊ **岩倉使節団**
幕末から明治前期の公家・公爵・政治家であった岩倉具視が、1871年、欧米の文化・制度を視察するために組織した使節団。特命全権大使として任務した。

た。山城屋はフランスより帰国する際にハードケースを持ち帰り、大阪の職人である森田直七*に託した。そして森田が試行錯誤した作品が、日本で最初の本格的な鞄であったとされる。欧米から政治や社会システムについて学ぶために派遣された大型の使節団に政商が加わり、彼が持ち帰ったハードケースが日本の鞄づくりの基礎に大きな影響をあたえたのだ。

手提げ鞄のエポック

フランスのパリでは１８５４年、ルイ・ヴィトンが創業している。初代ルイ・ヴィトンは宮廷で、荷造り用木箱の製造職人兼荷造り職人として働いていた。１８６5年になると今度はロンドンで、タナー・クロールが創業する。タナー・クロールは狩猟道具用のバッグやスーツケースで有名だが、歴史的傑作はむしろアタッシェケースである。英国で20世紀初頭にブームとなったアタッシェケースは、タナー・クロールによるところが大きい。山城屋が持ち帰ったものが、はたしていかなる鞄であったのか、詳《つまび》らかではない。

英国でのブームにつづいて、日本では１９０８年にアタッシェケース状の鞄が話題となっている。蝶番《ちょうつがい》によって開く四角い木箱に革を貼ったもので、上部にふたつ

＊森田直七
人物の詳細については不明な点が多い。大阪にいた森田の元に、山城屋和助の持ち帰った鞄が届けられたと思われる。

の鍵と革製のハンドルが付いていた。19世紀から20世紀初頭にかけて、新しい革製品がぞくぞくと登場する。書類を入れるためのブリーフケース、図面を収めるためのポートフォリオ、あるいは往診する医師が道具類を詰めるドクターズバッグ……いずれも近代都市化が進んだ時代の賜物《たまもの》だ。スーツケースの発達は旅と密接に繋《つな》がっていたが、アタッシェケースをはじめとする鞄の発達は都市化と切り離して考えることができない。都市が巨大化していき、そこに暮らすひとが多くなる、それはオフィスワーカーが増大することでもある。近代スーツが完成していく過程は、スーツに相応《ふさわ》しい鞄が完成していく時代でもあった。

19世紀に登場して、たちまち人気を獲得した手提げ鞄だが、日本では1951年にさらなるエポックが訪れる。アメリカからの使節団を率いたジョン・フォスター・ダレス国務長官は、つねに大振りのドクターズバッグを提げていた。開口部がガマ口状になっていて、マチがたっぷりと採ってある。そのために往診に必要な医療器具も入れることができる。ダレスは医療器具ではなく、外交に必要な書類を入れていた。日本だけでなく、他の国に赴《おもむ》くときも、ダレスはこのバッグを愛用し携行した。銀座で鞄をつくりつづけてきた老舗《しにせ》タニザワ＊の2代目である谷澤甲七は、ダレスが愛用していたバッグに想を得て「シンボル・オブ・ピース」のキャッチフレーズとともに「ダレスバッグ」として売り出した。以来、ダレスバッグはロング

＊タニザワ
1890年より銀座に店を構える。初代禎三が考案したとされる「鞄」の文字を看板で見た明治天皇に読み方を訊ねられ、これがきっかけで「鞄＝かばん」の文字が広まったとされる。

セラーとなっている。

　ドクターズバッグあるいはトップフレームブリーフケースなどと呼ばれるそれは、日本ではダレスバッグの名で歴史に定着することとなった。1960年代に入ると、日本ではジュラルミン製*やアルミニウム製のアタッシェケースが人気となる。映画『007』シリーズの影響だ。宇宙飛行士たちが宇宙船に乗り組む際、角部の円くなったアルミニウム製のアタッシェケースを提げていたことも、人気に拍車をかけるきっかけとなった。サムソナイト、リモワ、ゼロハリバートンといったケースメーカーの隆盛は、この時期に一気に膨《ふく》らんだ。

　ところで、アタッシェケースに基準があるのをご存知だろうか。横幅は約39センチ、鞄のなかに入れるものの総重量は5キロ以内と決まっている。

＊ジュラルミン製
硬質合金アルミニウムで高価な材料。航空機に使用され、ひじょうに剛性があり、熱伝導性も高く、冷却にも最適な材料である。

05

カフリンクスの美

袖口に秘める細部へのこだわり

２００３年、エヴィアン・サミットのワーキングテーブルを囲んだＧ８首脳たちは、議長であるジャック・シラク仏大統領を除いて全員が銀製と思《おぼ》しきカフリンクスを装着していた。それも全員が白いシャツで、小泉首相以外はすべてダブルカフスであった。シャツの袖先を折り返して二重にしたものがダブルカフスあるいはフレンチカフと呼ばれ、そのカフ（袖）をボタンの代わりに繋《つな》ぐ（リンク）ものがカフリンクスだ。日本ではカフスボタンなどと呼ばれることもあるが、正式にはカフリンクスである。

小泉首相はスポーティーな装いでいるとき以外は、カフリンクスを愛用している

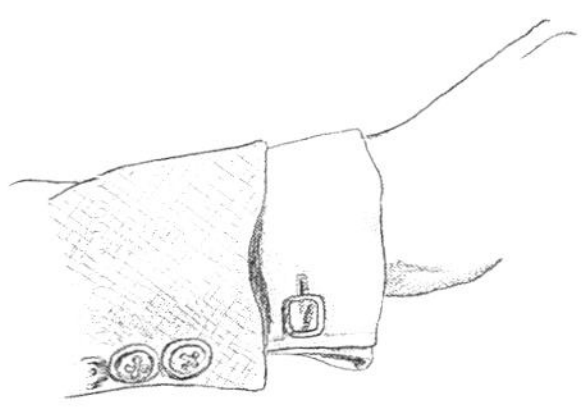

ことが多い。しかし、ダブルカフスを着ることはなくコンバーチブルと呼ばれるタイプのカフばかりだ。コンバーチブルは通常のシャツと同様にシングルで、だがボタンとカフリンクスのどちらも使えるようになっている。調べてみると、日本の政治家でダブルカフスのシャツ愛用者はきわめて少数で、大半がコンバーチブルにカフリンクスというスタイルだ。かっちりしたテイラードではなく、どちらかと言うとソフトなスーツを愛用したアメリカのクリントン元大統領でさえ、シャツはダブルカフスにこだわっていた。

カフリンクスは19世紀に登場する。シャツの袖口が、それまでのレースなどによる装飾[*]ではなく、硬く糊《のり》付けされるようになり、貝ボタンで留めるよりもカフリンクスのほうが相応《ふさわ》しいことを知ったからだ。その初期のカフリンクスを見ると、ボタンと似た形状のものをチェーンで繋ぐかたちが多かった。実際の貝ボタンに銀製のチェーンを糸のようにあしらったデザインもある。次いでプレス・スタッド・リンクス——カフの両側から挿《さ》し込むタイプが登場する。この新しいカフリンクスの登場は、カフリンクスが貴族の嗜《たしな》みから中産階級にまで広がったことを意味している。

かつて硬く糊付けされた袖にカフリンクスを装着しようとするとき、必ず召し使いの介添えを要した。ところが、召し使いを抱える財力のない中産階級が社会で存

＊レースなどによる装飾
袖口からレースのひだ（飾り）を見せることに、当時の貴族たちは執心していた。袖口から何か白いものを覗かせるのはその時代の名残。

在感を増していくようになると、カフリンクスのほうが改良されることとなった。バネ式のアシ*で留める簡便なカフリンクス――ジョインテッド・バレル・クロージャーが登場するにおよんで、カフリンクスは完全に一般化した。最近では加えて、ゴムを編んだタイプもある。もっとも多少のコツを掴《つか》めば、クラシックなチェーンタイプのカフリンクスでも、ひとりで装着できるのだが。

エヴィアン・サミットを彩ったカフリンクスには、チェーンタイプとバレルタイプの両方があった。チェーンタイプのほうがエレガントであり、格調が高いことはあらためて言うまでもない。クラシックなスーツ姿の男性にとって、遊べる要素はひじょうに少ない。せいぜい腕時計とカフリンクスくらいであり、だからこそカフリンクスにそれぞれの美意識が投影されることとなる。シルバーなのかゴールドなのか、シルバー単体なのか石を嵌《は》め込むのか、それともエナメルをあしらって仕上げるのか、デザインはどうするのか……上衣を着てしまえばなかなか見られることのない小さなアイテムだが、そこで語れることはじつはとても大きい。

19世紀以前の時代、袖口から覗くレースの豪奢《ごうしゃ》さが競われた。袖口のレースを競ったのは、16世紀から17世紀にかけてのことだった。ハンス・ホルバインが残した多くの肖像画を見ると、16世紀には袖口からそれほど出してはおらず、その代わりに手首の辺りで上衣に入れた切れ込みから布を覗《のぞ》かせ、その華美を競っていたこと

＊アシ
T字状になっているカフスリンクスの縦線部を言う。アシをカフ（袖部の布）に挿し、反対側に出たら折り曲げてH字形にするのが一般的。

がうかがえる。17世紀、レースの豪奢を促したのは、東インド会社によって東方貿易を支配したオランダであった。それまでのスペイン風モードに対して、より自由で市民的なモードの隆盛を見ることができる。

*ヨハネス・フェルメールと同時期を生きた画家にファン・フリートがいる。彼が描いたファン・デル・デュッセンの家族の肖像では、家族全員が着るヴェルヴェットの上衣のちょうど手首を覆うように繊細なレースが縫い付けられていることが克明に描かれていて、オランダの豊かさがうかがえて興味深い。また**ヴァン・ダイクが描いたチャールズ1世の肖像でも、手首を覆うレースがあしらわれていて、レースが17世紀のヨーロッパ上流階級を魅了していたことを示している。

17世紀後半、ルイ14世の時代を迎えたフランスは、ヴェルサイユを中心に流麗な宮廷文化をつくりあげた。なかでも特筆すべきは、レースやヴェルヴェットなど外国産贅沢品の輸入禁止と国内での生産奨励である。ときの財政総監コルベールは重商政策を採り、「フランスにとってのモード産業は、スペインにとってのペルーの鉱山である」という言葉を残したほどだ。プラトーやヴェネツィアから職工を招いて、リヨンに王立織物製造所を設立したのが1667年。さらにヴェネツィアやフランドルから職人を積極的に招聘《しょうへい》して、フランス独自のレース技術を育んでいった。18世紀、ロココの時代になっても、レースの隆盛はつづいた。ルイ14世時代ほ

*ヨハネス・フェルメール
17世紀のオランダで活躍した画家。やさしい光と平穏な空気に包まれた画風が人気。映画『真珠の耳飾りの少女』のモチーフにもなった。

**ヴァン・ダイク
バロック時代、イギリスの国王チャールズ1世の首席宮廷画家。肖像画を多く手がけ、18世紀のイギリス肖像画に大きな影響を与えた。

どの派手さはなくなったものの、かえって洗練の度合いを増していく。ニードルポイント・レースは袖口だけでなく、上衣の前立部全体を飾るようになる。服飾における奔放《ほんぽう》さは影をひそめたものの、上流階級における生活ぶりは頽廃《たいはい》そのものであった。

レースに代わる美意識

ウィリアム・ホガース[*2]が描く『当世風の結婚』では、なんとも放埒《ほうらつ》きわまりない情景が活写されている。夜通しトランプ遊びに興じていた妻、愛人宅から帰還した夫。男性の袖口からは、レースを縫い付けるのではなく、柔らかな袖が登場してきたことがうかがえる。レースが歴史の表舞台から消えても、袖口から覗く美に対する意識までは失われなかった。そのためにカフリンクスが登場したと見ることもできる。さらに袖先を硬く糊付《のり》けするのではなく、むしろ反対に柔らかな布を二重に折り返すことでヴォリューム感を出すようになると、上衣の袖口の大きさまでが変化するようになっていく。小泉首相が愛用するコンバーチブルタイプのシャツは、いわば硬く糊付けした時代を彷彿《ほうふつ》とさせるものだ。ただ、このタイプのシャツを着るときは、上衣から靴まで全体をクラシックなトーンにまとめる必要があるのだが。

*ウイリアム・ホガース
18世紀、ロンドンで活躍した肖像・風刺画家。「英国風刺画の父」とも言われる。貴族階級のひとびとや政治家、庶民の道徳観を風刺した版画が多い。

ダブルカフスのシャツというと、今日では結婚式などフォーマルな場か、あるいは*クレリックシャツなどで見ることが多い。襟と袖口を身頃と違う色――通常は身頃を青系のストライプスで襟と袖を白にして仕立てたものがクレリックと呼ばれる。僧侶のシャツに見られた意匠であることから、クレリックの名が付けられた。映画『ウォール街』でマイケル・ダグラスが着ていたのが印象的で、金融業界に愛用者が多い。もっともこのクレリック、ドレスコードではあくまでも昼間のシャツであって、夜に着るのは野暮とされる。

1950年代に描かれたルイージ・タルクィーニのイラストでは、もう硬く糊付けされた袖先ではなく、柔らかなダブルカフスが主流となったことが見受けられる。柔らかい生地を折り畳むことで生まれるヴォリュームは、かつて上衣の袖口から豪奢なレースを覗かせたことを偲《しの》ばせるお洒落でもあった。フォーマルウェアやパーティーウェアだけでなく、ビジネスシーンでもダブルカフスにカフリンクスというスタイルが確立した。柔らかい生地であれば、チェーンタイプのクラシックなカフリンクスであっても、ひとりで容易に装着することができる。

サイズの合ったシャツを着る、つまりオーダーメイドしたシャツを着ること、そしてカフリンクスで袖口を留めることは、男性に残された数少ないお洒落のひとつである。

＊クレリックシャツ
1920年代のロンドンで大流行したシャツ。「カラーディファレントシャツ」の別名どおり、見頃と袖が色無地か縦ストライプスで、白い襟が付いている。

06

腕時計は自己表現
リーダーたちの腕を魅せる名ブランド

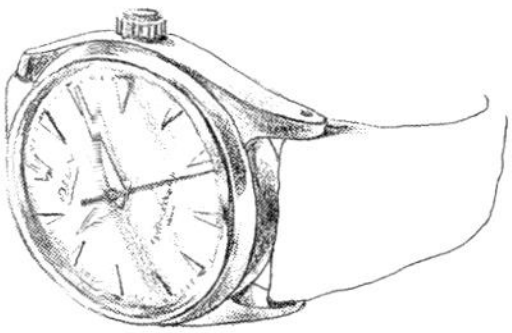

世界の政治リーダーを捉《とら》えた映像を見るとき、彼らがどのようなものを着ているかだけでなく、袖口を観察するという愉《たの》しみがある。手首に巻かれている腕時計は何か、腕時計はときにスーツやネクタイ以上に装着するその人物を現わすことがあるからだ。ほんのちらりとしか見えないものの、だからこそ観察のしがいもまたあるというものだ。あの「9・11」以降、とりわけ2003年3月20日にアメリカによるイラク侵攻がはじまって以来、カタールの衛星TV局アルジャズィーラをウォッチする機会が増えた。そしてアルジャズィーラを通して、興味深い映像にいくつも出会《でくわ》した。

米軍によるファッルージャ掃討作戦が激しさを増すのに呼応するかのように、外国人を狙った拘束事件が相次いだ。シーア派もスンニ派もそうした事態に懸念を抱き、宗教指導者たちがスタジオで討論をする番組もあった。登場した宗教指導者のひとりは日本人拘束事件の解決に大きな役割を果たしたスンニ派のアルクベイシ師で、彼の左手首にあったのは古いロレックスであった。アルクベイシ師とともにイラク統一イスラム聖職者協会を設立したシーア派指導者のハーレスィ師も番組に出演していたが、その左手首にはカルティエのパシャ*が巻かれていた。

イラク情勢はアラブ圏や石油産油国に対して深刻な影響を投げかけていて、それだけにOPECの動向はひじょうに気になる。アメリカが国連主導のイラク主権移譲に方針転換を表明した直後、ワシントンではエネルギー安全保障会議が開かれ、サウジのヌアイミ石油鉱物資源相が講演した。そのときはオフィチーネ・パネライ**の腕時計が目を引いたものだ。昔からアラブ圏の指導者たちは、じつに素晴らしい腕時計を選択する。ロレックス、カルティエ、パネライ……いずれも高級腕時計の王道を歩んできたものばかりだ。

「タンク」や「サントス」と呼ばれるモデルとならんでカルティエを代表する「パシャ」は1931年に誕生した。モロッコ・マラケシュの太守は水泳が好きで、水泳時にもしていられる腕時計の製作をカルティエに依頼したのだ。ロレックス社

＊パシャ
カルチェの代表的なモデル。初期は角型だったが現行モデルは丸型。ともに日本でも人気。

＊＊オフィチーネ・パネライ
19世紀中葉、フィレンツェでジョバンニ・パネライが創業した。シルベスター・スタローンが映画でつけていたことでも有名。

は1926年にオイスターケースによる本格的防水時計を実現していたが、カルティエは名品タンクのリューズ*に工夫を施して独自の防水機構を完成させた。当初は角型であった。それから10年後、角型ではなく丸型のパシャが発表され、現在までつづくこととなる。

　丸型パシャの登場と同じ年、エジプトのアレキサンドリア港に潜入したイタリア海軍特殊部隊が英国海軍の戦艦を爆破することに成功する。これが名高いアレキサンドリア作戦だが、工作員の腕に巻かれていたパネライのラジオミール**が作戦を成功に導いた一因だった。水深10メートル以上の暗い海中での作業を支えるため、高い蛍光性を有する防水時計が求められ、パネライはそれをつくりあげた。ラジウムを基にした蛍光体は抜群の視認性を発揮した。1990年代後半に復活を遂げたパネライは、その後、大型腕時計のブームを世界的に巻き起こす。オフィチーネ・パネライは19世紀中葉、ジョヴァンニ・パネライによってフィレンツェで創業した。当初は高級腕時計を商う専門店だったが、海軍用時計の開発に乗り出したことから独自の時計づくりに向かった。

　ロレックスをめぐっては、さまざまなエピソードがある。パネライが1930年代に送り出した製品は、ケースとムーヴメントをロレックスに頼っていた。早くから世界的な名声を確立したロレックスは、革命前のキューバでも大変な人気を集め

＊リューズ
時計のボディの横、3時の位置にある（ことが多い）、時刻調整やゼンマイの巻上げのためのパーツ。引き出しタイプやねじ込み式、キャップ付き（リューズの防水性を高めるため）などがある。

＊＊ラジオミール
ラジウムを基にした蛍光体。抜群の蛍光性。パネライ製の腕時計やコンパスなどに使用された。現在は非放射性蛍光物質を採用。

ていた。カリブのリビエラと呼ばれたハバナには世界から富が集中し、ロレックスもそのひとつであった。フィデル・カストロとともにキューバ革命を導いたエルネスト・チェ・ゲバラの左手首には、いくつものロレックスが巻かれた。

「ロレックスだからしたというよりも、最も身近にあった時計がロレックスだった。そういうことではないでしょうか」

キューバで取材したとき、当時の戦友や部下たちはそう口を揃えたものだった。

一方、最近のカストロ議長の左手首には、カシオのGショック*が巻かれていることが多い。

1970年代に隆盛したクォーツに圧されて危機に瀕していたスイスの高級機械式時計産業だが、80年代になって息を吹き返す。90年代に入ると、今度は世界的な高級ブランド再編の余波を受けて、時計業界も再編の時代に突入する。その結果、オフィチーネ・パネライやヴァシュロン・コンスタンタン（182ページ後出）はカルティエやダンヒルを擁するリシュモングループの、オメガやブレゲ**はスウォッチグループの、ゼニスやタグ・ホイヤーはLVMHグループの傘下となった。しかしロレックスは静かな巨人として、独り泰然たる姿勢を変えようとはしない。90年代末、スイスのメディアはロレックスがスイスにあるいくつもの金融機関の大きな株主であると報じた。それほどロレックスは磐石《ばんじゃく》なのだ。

＊Gショック
米海軍特殊部隊も使用している。映画『スピード』でキアヌ・リーヴスが腕にしていたことでも有名。

＊＊ブレゲ
マリーアントワネット、ナポレオンなど王侯貴族にまで愛された、アブラアン・ルイ・ブレゲ創業（工房は1775年パリ・シテ島で）のブランド。技術や精度、デザインは世界のコレクターを魅了している。

さて、素晴らしい腕時計を選んできたアラブ圏の指導者たちのなかでも、ヤマニ元石油相は群を抜いている。シェイク・アハマド・ザキ・ヤマニは1930年、最高裁裁判長の次男として生まれた。クライシュ族ハーシム家に連なる名門の出身だ。カイロ大学では法律を修め、サウジ財務省に勤務したのち、ニューヨーク大学に留学。さらにハーヴァード大学大学院で修士号を取得し、帰国後はサウジで初めてとなる欧米型の法律事務所を設立した。

少年時代から秀才の誉れ高いヤマニであったが、その才能を発揮するのはのちに国王となるファイサル皇太子の顧問を務めてからだろう。1960年に国務相、そして1962年には石油鉱物資源相に就任した。アラムコ重役を兼務したり、アラブ石油輸出国機構の事務局長と議長を歴任したり、石油戦略の根幹をしっかりと握った。石油鉱物資源相の座には24年間も就いていた。そんなヤマニは腕時計の名コレクターとして知られ、一時はヴァシュロン・コンスタンタンの経営にも参画するほどだった。

ヴァシュロン・コンスタンタンの創業は1755年で、創業から途切れることなく継続してきた時計メーカーとしては最古の企業だ。ナポレオン・ボナパルトやエリザベス2世の戴冠式のときにもヴァシュロン・コンスタンタンの時計が使われている。かつてヤマニはダイヤを豪勢にちりばめた腕時計を、ヴァシュロン・コンスタンタンの経営幹部に突き出し、「壊れている」と言い放ったことがある。生活防水の腕時計を、モロッコの太守よろしくプールで使用したために壊してしまったのだ。慌てた経営幹部は「そのような使い方をされては困ります。壊れるのも無理はありません」と返答したものの、ヤマニは「ヴァシュロン・コンスタンタンの時計が壊れてはならない」と納得しなかったという。

創業当初のヴァシュロン・コンスタンタンはジュネーヴのサン・ジュルヴュー地区に工房を構えていた。やがて同地区には、パテック・フィリップ*などスイスを代表する名門ブランドが集まることになる。世界の政治リーダーの腕に巻かれた時計で最も多いのは、おそらくパテック・フィリップだろう。初期の顧客にはオノレ・バルザック、トルストイ、フランツ・リスト、ワーグナーにチャイコフスキーといったひとびとがいた。ヴァシュロン・コンスタンタンのトレードマークはマルタ騎士団が用いたマルタ十字だが、パテック・フィリップのトレードマークはカラトラバ十字軍のカラトラバ十字だ。

腕時計は戦争とともに進化してきたとも言える。そもそも腕時計とは戦時に懐中時計を引っ張り出す煩《わずら》わしさを軽減するために生まれた。だが、腕時計は、平和な時代にこそ相応《ふさわ》しい。その優美さを暴力や残虐性で汚してはならない。腕時計を見遣《や》るとき、政治リーダーたちははたしてそのように考えるだろうか。

＊パテック・フィリップ　1839年創業。ポーランドからの亡命貴族アントワーヌ・ド・パテックが設立。独立分針などの技術を披露。

07

万年筆の思い
条約調印にみる記録の歴史

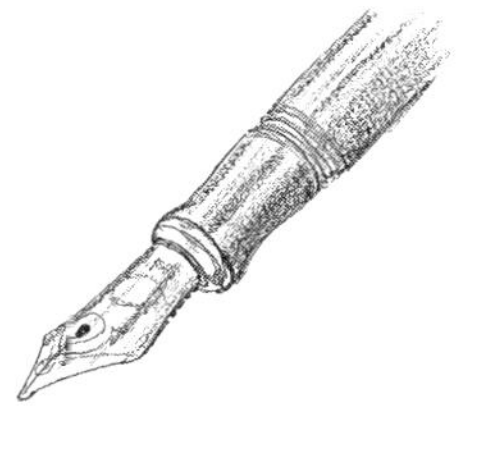

20世紀は戦争の世紀であった。いや、19世紀末から2つの世紀をまたいで現在まで、戦争の時代がずっとつづいていると言ったほうがいいかもしれない。けれども、戦争の時代であるということは、妥協と和解を模索する時代でもあったことを意味する。1898年に勃発した米西戦争は翌年、パリで平和条約調印に漕《こ》ぎ着けた。このとき、パーカー社のジョイントレスペンが調印に使われたことが記録されている。万年筆パーカーの、国際舞台へのデビューであった。

1809年、大英帝国のフォルシュとブラマー*が、個別にファウンテンペン（万年筆のこと）を発表する。ブラマーによるペンは、軸の胴を握るとインクが出ると

＊フォルシュとブラマー　どちらのメーカーも、万年筆のペン軸にインクを貯蔵できる仕組みを開発。

いうものだった。1852年になるとアメリカのホーキンスがペン先にイリジウム＊を付けることに成功する。さらにアメリカのプリンスがエボナイト＊＊を軸材に使いはじめ、万年筆の準備が整っていった。そしてウォーターマンとパーカーによって、万年筆は一気に実用化の道を歩みはじめることとなるのだ。

20世紀は、まさにパーカーとウォーターマンが牽引《けんいん》してきた。1904年にはじまった日露戦争は、翌年、ポーツマス講和条約にいたる。ロシア代表のヴィッテ伯が手にしたのは「ウォーターマン18」＊＊＊だった。1900年に開かれたパリ万博で金賞に輝いたウォーターマンはつぎつぎに新しい万年筆を送り出し、なかでもウォーターマン18は初期の傑作として名高い。1919年のヴェルサイユ条約でも、英代表ロイド・ジョージが握ったのはウォーターマンだった。ちなみに、1930年、ロンドン海軍軍縮会議の席に用意されたのは並木製作所（現パイロット）の蒔絵万年筆で、各国の全権代表が使用した。一方、1945年、太平洋戦争の終結に署名するためにダグラス・マッカーサー（アメリカ元帥）が使ったのは、パーカーの「デュオフォールド」である。

「デュオフォールド」は1921年に発表され、パーカーを代表する万年筆となった。それまで黒ばかりだったボディを鮮やかなオレンジ色に、しかもアールデコのデザインを加味して万年筆のイメージを一新させた。プッチーニが『トスカ』と

＊イリジウム
白金の一種。耐酸性があり硬度が高く膨張率が小さい。万年筆のペン先に付ける際は合金にして使用。

＊＊エボナイト
生ゴムに多量の硫黄を長時間加えて（加硫）加熱し、角質化させた物質。硬くて黒色光沢がある。

＊＊＊ウォーターマン18
世界で初めてインク漏れのない万年筆をつくったウォーターマンの傑作のひとつ。

『蝶々夫人』を、コナン・ドイルがシャーロック・ホームズの活躍するシリーズをデュオフォールドで記し、エジソンやヘミングウェイも愛用した。デュオフォールドは「平和のためのペン」とも呼ばれる。１９９２年の米ソ軍縮会議で、ブッシュとエリツィン両首脳が署名するのに用い、冷戦の終結をはっきりと記したからだ。１９８７年のＩＮＦ（中距離核戦力）全廃条約でも、レーガンとゴルバチョフ両首脳はパーカーの万年筆で署名している。

デュオフォールドと並んでパーカーの名を知らしめた万年筆に「パーカー51」*と「パーカー75」**がある。前者は１９３９年の発売以来、２０００万本以上を、後者は１９６５年から１１００万本以上を販売している。１９７３年のパリにおけるヴェトナム和平協定の調印に、ウィリアム・ロジャース米国務長官が使ったのはこの「パーカー75」であった。ちなみに「パーカー75」はコレクターが多いことでも知られ、「パーカー51」は名品として復刻されもした。

イタリアにもモンテグラッパやアウロラ、オマスといった名万年筆があるが、なかなか国際条約調印という舞台に登場することがない。例外としては２００２年５月に開催されたローマ・サミット――ＮＡＴＯとロシアの拡大協議の際に、新興のヴィスコンティが万年筆を用意したことくらいか。ヴィスコンティは万年筆蒐集《しゅうしゅう》家として名高いフィレンツェ貴族が創設した。夏目漱石や北原白秋など愛用者の多

＊パーカー51
ジョージ・S・サッフォーの発明からはじまり、世界の代表万年筆となっているパーカーの代表的な作品である。

＊＊パーカー75
創始者の息子ケネスがドーマンと一緒にデザインした。ボディの精緻な碁盤目模様がステイタスシンボルに。

かったドゥ・ラ・リュのオノトも名品ながら、条約調印の晴舞台に恵まれていない。むしろ、ウォーターマンとパーカーに、20世紀後半以降はすっかりパーカーに独占されてきたと言っていい。

条約に署名される文字はさまざまだが、最初の文字はメソポタミアに生まれたと考えられている。現在のバグダッドを含むメソポタミア各地の遺跡を見ると、楔《くさび》形文字がどのような進化過程をたどっていったのか推測できる。そして、それは同時に筆記具がどのようなものであったかを考えることもできる。葦《あし》を削って、おそらくは3種類のペンが使われていたようだ。この葦ペンから万年筆が登場するまで、じつに6000年近い時間が必要であった。

エジプト第18王朝の首都であったアマルナで発見された粘土板のなかには、じつに古代の外交文書も含まれていた。これが発見されているものにかぎれば、世界で最初の外交文書であると考えられる。そこから浮かび上がるのは、アメンホテップ3世以降のエジプトが、オリエントの支配をめぐって周辺国と交渉している事実である。さらにラムセス2世は、ヒッタイト王との間で和平条約さえ締結することに成功した。文明史とは、そのまま外交史でもあった。

アマルナ文書からもうかがえるように、古代エジプトは文字を司《つかさど》る書記を重用した。書記は特権的階級に属すエリートであり、したがって、交渉内容を文字で記録することのできる外交官もまたエリートであった。それは近世ヨーロッパでも同様で、ヨーロッパでは文字を書けるのは僧侶と外交官に限られていた。あのカール大帝でさえ、勅令《ちょくれい》に署名している例は見当たらない。書記が事前に代わりに署名しておき、その傍《かたわ》らに十字を無造作に記すだけであった。外交官たちは古代エジプトの頃から、硬軟な外交交渉を書き記してきたのに、だ。条約とその調印とは、外交の成果である。

文字を刻むことからインクで書くことへ、葦ペンから羽ペンへ、粘土板からパピルスを経て羊皮紙《ようひし》へ……文字を記録するテクノロジーは、大きな革命的進化を迎えるものの、その間の歩みはじつに遅々としたものだった。現在、さまざまな万年筆ブランドがあるが、ペン先にかぎってみると、じつは4社しか製造元はない。パイロット、パーカー、シェーファー、それにドイツのペン先専門メーカーの4社だ。つまり、他のブランドは、ペン先だけはこの4社のいずれかから供給を受けているということである。

調印に使われる万年筆

ところで、トルーマンから現在のブッシュにいたるまでの、歴代アメリカ大統領はパーカーの万年筆を愛用してきた。もともとはアメリカで誕生したブランドだが、1926年にはロンドンに販売会社を設立し、1986年になると英国の東サセックスのニューヘヴンに新本社を移している。つまりパーカーは英国のブランドとなったのだが、それでもアメリカ合衆国大統領たちは愛用するのを止めようとはしない。ちなみにウォーターマンも拠点をアメリカからフランスに移し、経営権は転々とし、現在はジレットの傘下にある。ジレットがパーカーを40億ドルで買収したのは1993年のことだった。フランスのミッテランは大統領だった当時、ウォーターマンの「ル・マン100」*を愛用していた。「ル・マン100」も名品として誉れ高い万年筆だ。

さて、条約の調印には、署名用にそれなりの万年筆が用意される。1972年の日中国交回復でもパイロットの「蒔絵万年筆」が使われ、1990年の東西ドイツ統一条約ではモンブランの「149マイスターシュテュック」、という具合だ。ところが2002年の日朝首脳会談における平壌《ピョンヤン》宣言への署名では、両首脳はそれぞれ自分のペンを取り出した。あまりに電撃的な会談だったために万年筆を準備する時間がなかったのか、それともあえて「いつもの万年筆」を使うことを演出したのか。いずれにせよ、万年筆の交換も行われることはなかった。

つぎの条約調印には、はたしてどの万年筆が使われるのだろうか。

＊ル・マン100
フランスの伝統的な金細工工芸の技が一気に投入された。18金と純銀のリシリーズにはフランス政府の刻印が押されている。

Epilogue
スーツに感謝を

「装うことは教養です」

この言葉が、ずっと響いている。ある財界リーダーにインタヴューしたときに飛び出した言葉で、ドレスコードはもちろんのことスーツをはじめとする各アイテムの歴史までを理解して装うべきだ——とつづいた。これまでにたくさんのスーツを着てきたが、はたしてわたしは教養を育んだかどうか。この1冊をまとめながら、反省しきりだ。

きっかけは、ある新聞に寄せたコラムだった。あの「9・11」以降、ブッシュ米大統領のネクタイが変わったことを指摘したコラムだった。それをたまたま読んだ伊藤実佐子さんが、連載を提案してくださった。伊藤さんは当時、『外交フォーラム』誌の編集長だった。ファッションから国際政治を読み解く——という試みは、そんなふうにしてはじまった。この本の第1章と第3章は、『外交フォーラム』誌に発表したものに大幅に筆を加えたものが基礎となっている。伊藤さんが小さなコラムに関心を寄せてくださらなければ、連載がはじまることも、それがこうしてまとまることもなかった。まず、伊藤さんに感謝の一杯を。

連載はわたしひとりで遂行できるものではなかった。編集を担当してくれたのは、安川いづみさんだ。安川さんは褒《ほ》め上手な編集者で、原稿を送るたびに「面白い」を連発しては、連載をつづける元気をあたえてくれた。しかも、「スーツ姿の素敵な男性はセクシーだ」などと言ってくれたものだから、安川さんとの打ち合わせに臨むときは気合いが入った。もちろん、安川さんにも感謝の一杯を。

根が怠惰なだけに、一度書いた原稿に手を入れたり、はたまたそれをまとめたりするのは予想外に大変な作業だった。青山明子さんという編集者との共同作業と言うべき結果である。青山さんに感謝してもし尽くせぬ一杯を。

もうひとり、放っておいた原稿に新たな生命を吹き込むため奔走してくれたのは、事務所の川名真美だった。彼女の例外的努力がなければ、青山さんが原稿に関心を寄せてくれた確率はぐんと低くなる。マネジメントはクリエイティヴな作業であることを体現し、我が儘《まま》で怠け者の不良を支えてくれた。川名真美に感謝の一杯を。

そして、この本に関わってくださったすべてのひとと、この本を手にしてくださったあなたに感謝の一杯を。

中島 渉 ——— なかじま・わたる

冒険小説・ハードボイルド作家、ジャーナリスト。59年生まれ。86年小説『ハルマゲドン黒書』で作家デビュー後、数々の冒険小説、ハードボイルドを発表。また、政治、経済、スポーツ、そして独自の視点での男性服飾評論にも定評がある。作家活動のみならず、TV番組コメンテーター、ラジオナビゲーター、トークショー出演など幅広く活躍。著書に『ハルマゲドン黒書』(講談社)、『義経』(マガジンハウス)など多数。

◆初出

本書は、書き下ろし(89〜95、111、146ページ)を除き、『外交フォーラム』(都市出版)2002年11月号〜2004年10月号(一部除く)と、『文藝春秋』(文藝春秋)2005年1月号、『男である、幸福。〜そのモノ語りとして〜』(日経ホーム出版社)2005年10月刊行に掲載したものを、加筆・訂正したものです。

スーツの法則

抜き出る男は第一印象で差をつける

2006年1月1日　初版第1刷発行

◆著者 ——— 中島 渉

◆発行者 ——— 田中 修

◆発行所 ——— 株式会社 小学館

〒101-8001 東京都千代田区一ツ橋2-3-1

編集　TEL 03-3230-5442

販売　TEL 03-5281-3555

◆印刷所 ——— 共同印刷 株式会社

◆製本所 ——— 株式会社 若林製本工場

ISBN4-09-387615-0

編集◆青山明子(小学館)　制作◆岩重正文＋直居裕子＋苅谷直子
宣伝◆島田由紀　販売◆奥村浩一